2025년 개정판

일본어로 배우는 일본의 사회와 문화

워크북

이미숙 · 스미유리카 著

명지대학교출판부

SCAN ME

* 칼럼 및 회화의 음성파일을 다운로드 받을 수 있습니다.
* QR코드가 다운로드 불가능할 경우
명지대학교 홈페이지 → 대학구성 → 출판부 → 자료실

일본어로 배우는 일본의 사회와 문화 워크북

초판 1쇄 2021년 8월 13일
개정판 1쇄 2023년 12월 11일
개정판 2쇄 2025년 6월 5일
저 자 이미숙, 스미유리카
발행인 임연수
펴낸 곳 명지대학교 출판부
주 소 서울특별시 서대문구 거북골로 34
전 화 (02) 300-1740
팩 스 (02) 300-1723
http://press.mju.ac.kr
등 록 등록 제1969-000001호
제 작 네오프린텍(주)
ISBN 978-89-7335-410-8 (03730)

정가 15,000원

강의 일정 및 목차

강의목표

언어는 한 세계를 여는 열쇠입니다.
일본어를 통해 실제 일본의 사회문화를 이해하고 직접 조사하고 활용할 수 있는 능력을 키워 여러분의 삶에 실질적인 도움이 되고자 합니다.
우리 함께 일본어로 여행을 떠나 볼까요?

회화 등장인물

先生

学生(男)

ペク・ミョンス
白明守(백명수)

学生(女)

マ・ジヘ
馬知恵(마지혜)

1과

곤니치와, 일본어로 인사해 볼까요?

こんにちは、 日本語であいさつしてみましょうか?

| 학습목표 |

- 일본의 **인사**에 대하여 이해할 수 있다.
- 일본의 **인사**와 관련된 단어와 표현을 사용할 수 있다.
- 일본의 **인사**에 대하여 조사하고 활용할 수 있다.

칼럼

「あいさつ」はコミュニケーションの基本です。しかし、国によって文化や価値観が違うようにあいさつの仕方も違います。会って別れる時のあいさつに日本語と韓国語ではどんな違いがあるでしょうか。

まず、会った時のあいさつを比べてみましょう。韓国語の「안녕하세요」は一日中使えるあいさつです。しかし、日本語の場合、朝は「おはようございます」、昼は「こんにちは」、夜は「こんばんは」と時間帯によって変わります。

一方、別れる時のあいさつは韓国語は「안녕히 가세요」と「안녕히 계세요」の二つの表現を使い分けます。これに対し、日本語の「さようなら」はその区別がありません。

行動による特徴もあります。韓国では一度で済ませる別れのあいさつも、日本では何度も繰り返し言ったり、頭を下げたりします。

会って別れる時のあいさつだけを見ても両国にはずいぶん違いがありますね。他の場面のあいさつはどうでしょうか。調べてみましょう。

칼럼 번역

'인사'는 커뮤니케이션의 기본입니다. 그러나 나라에 따라 문화와 가치관이 다르듯이 인사 방식도 다릅니다. 만나고 헤어질 때의 인사에 일본어와 한국어에서는 어떤 차이가 있을까요?

먼저, 만났을 때 인사를 비교해 봅시다. 한국어 '안녕하세요'는 하루종일 사용 가능한 인사입니다. 그러나 일본어의 경우, 아침은 '오하요고자이마스', 점심은 '곤니치와', 저녁은 '곤방와'로 시간대에 따라 달라집니다.

한편, 헤어질 때 인사는 한국어는 '안녕히 가세요'와 '안녕히 계세요'라는 두 표현을 구분하여 사용합니다. 이에 반해, 일본어의 '사요나라'는 그 구별이 없습니다

행동에 의한 특징도 있습니다. 한국에서는 한번에 끝낼 수 있는 것도 일본에서는 몇 번이나 반복하여 말하거나 고개를 숙이거나 합니다.

만나고 헤어질 때의 인사만 보아도 양국에는 큰 차이가 있네요. 다른 장면의 인사는 어떨까요? 조사해 봅시다.

칼럼 어휘

일본어	뜻	일본어	뜻
挨拶 あいさつ	인사	仕方 しかた	방식
コミュニケーション comunication	커뮤니케이션	会う あう	만나다
国 くに	나라	別れる・別れ わかれる・わかれ	헤어지다・이별
文化 ぶんか	문화	比べる くらべる	비교하다
価値観 かちかん	가치관	一日中 いちにちじゅう	하루종일
違う・違い ちがう・ちがい	다르다・차이	使える つかえる	사용할 수 있다 使う의 가능형
朝・昼・夜 あさ・ひる・よる	아침・점심・저녁	行動 こうどう	행동
時間帯 じかんたい	시간대	特徴 とくちょう	특징
変わる かわる	다르다・변하다	済ませる すませる	끝낼 수 있다 済ます의 가능형
表現 ひょうげん	표현	繰り返し くりかえし	반복해서
使い分ける つかいわける	구분하여 사용하다	頭を下げる あたまをさげる	고개를 숙이다
区別 くべつ	구별	場面 ばめん	장면

문형

① ~によって　• あいさつは国によって違います。(원인, 수단, 근거)

② ~ように　• 文化が違うようにあいさつも違います。(양태, 비유)

③ ~(e)る　• 「안녕하세요」は一日中使えます。(5단동사의 가능형)

④ ~に対し　• これに対し、みんな反対します。(상대적 대비, ~에 대하여)

⑤ ~たり ~たりする　• 日本へ行ったり来たりします。(대표적 행위 나열)

회화문 어휘

ドラマ / drama	드라마	確かに / たしかに	확실히
謝る / あやまる	사과하다	言葉 / ことば	말, 언어
最初 / さいしょ	처음	気持ち / きもち	기분
声をかける / こえをかける	말을 걸다	気を使わせる / きをつかわせる	마음을 쓰게 하다 気を使う의 사동형
呼ぶ / よぶ	부르다	伝える / つたえる	전하다
場合 / ばあい	경우	相手 / あいて	상대

회화

知恵：先生、日本のドラマを見ていると「すみません」をとてもよく聞きます。
どうして日本人はそんなに「すみません」を使うのですか。

先生：「すみません」は謝る時以外にもいろいろな使い方があるからです。
たとえば、最初に声をかける時です。

知恵：知らない人に道を聞いたり、お店の人に質問したりする時ですね。

先生：そうです。それにレストランで注文する時など人を呼ぶ場合も使います。

知恵：あー、確かにそうですね。
他にプレゼントをもらった時にも「すみません」と言いますよね。
「ありがとう」という言葉があるのに、どうして「すみません」と言うんですか。

先生：それは、「ありがとう」という気持ちと一緒に、気を使わせて「ごめんなさい」という気持ちを伝えたいからです。

知恵：相手を思う気持ちからの「すみません」なんですね。

회화 번역

知恵：선생님, 일본 드라마를 보고 있자면 '스미마센'을 너무 자주 들어요.
왜 일본인은 그렇게 '스미마센'을 사용하는 거죠?

先生：'스미마센'은 사과할 때 외에도 여러가지 사용법이 있으니까요
예를 들면, 처음 말을 걸을 때입니다.

知恵：모르는 사람에게 길을 묻거나, 가게 주인에게 질문하거나 할 때지요?

先生：그래요. 게다가 레스토랑에서 주문할 때 등 사람을 부르는 경우도 사용합니다.

知恵：아, 듣고 보니 그렇네요.
그밖에 선물을 받았을 때도 '스미마센'이라고 하지요.
'아리가토'라는 말이 있는데 왜 '스미마센'이라 하는 거죠?

先生：그건 '고맙다'는 마음과 함께 신경 쓰게 해서 '죄송하다'는 마음을 전하고 싶기 때문입니다.

知恵：상대를 생각하는 마음에서 '스미마센'을 쓰는 거군요.

대화 내용 확인

【1】내용과 맞는 것에 ○(まる) 아니면 ×(ばつ)를 쓰세요.

1) [　]일본인은「すみません」이라는 말을 잘 쓰지 않는다.
2) [　]「すみません」은 다양한 장면에서 사용할 수 있다.
3) [　]일본에서는 감사를 표현할 때에는「ありがとう」만 사용한다.

【2】다음 질문에 답하세요.

「すみません」はどんな時に使いますか。

→ ____

듣고 써 봅시다

知恵：先生、日本の(1.　　　　　)を見ていると「すみません」をとてもよく聞きます。
　　　どうして日本人はそんなに「すみません」を使うのですか。
先生：「すみません」は(2.　　　　　　)時以外にもいろいろな使い方があるからです。
　　　たとえば、最初に(3.　　　　　　　)時です。
知恵：知らない人に道を聞いたり、お店の人に質問したりする時ですね。
先生：そうです。それにレストランで注文する時など人を(4.　　　)場合も使います。
知恵：あー、(5.　　　　　　)そうですね。
　　　他にプレゼントをもらった時にも「すみません」と言いますよね。
　　　「ありがとう」という言葉があるのに、どうして「すみません」と言うんですか。
先生：それは、「ありがとう」という気持ちと一緒に　(6.　　　　　　　　)
　　　「ごめんなさい」という気持ちを伝えたいからです。
知恵：相手を思う気持ちからの「すみません」なんですね。

1, 2강 내용 확인

① 会う時の日本語のあいさつは何ですか。

만날 때 하는 일본어 인사말은 무엇입니까?

② ①のみっつのあいさつはいつ使いますか。

①의 세가지 인사말은 언제 사용하나요?

③「안녕히 가세요」は日本語で「さようなら」と言います。
では「안녕히 계세요」は?

'안녕히 가세요'는 일본어로 '사요나라'라고 합니다.
그럼 '안녕히 계세요'는?

④ 韓国と日本の別れのあいさつの場合、行動にも違いがありますか。

한국과 일본의 헤어질 때 인사말의 경우, 행동에도 차이가 있나요?

⑤「すみません」はいつ使いますか。

'스미마센'은 언제 사용하나요?

⑥「ありがとう」という言葉があるのに、どうして「すみません」と言いますか。

'아리가토'라는 말이 있는데 왜 '스미마센'을 사용하나요?

Exercise 01 | 어휘 빈칸 채우기

	어휘(한자)	한자읽기(히라가나)	한국어 의미
①	文化	ぶんか	문화
②	価値観		
③	仕方		
④	表現		
⑤	区別		
⑥	場面		
⑦	行動		
⑧	違い		
⑨	頭を下げる		
⑩	調べる		
⑪	日本人		
⑫	言葉		
⑬	相手		
⑭	気持ち		
⑮	謝る		
⑯	声をかける		
⑰	聞く・道を聞く		
⑱	注文する		
⑲	気を使わせる		
⑳	深い		

Exercise 02 | 일본어로 바꾸기

① 커뮤니케이션의 기본(基本)은 인사입니다.

② 나라에 따라 인사에 차이가 있습니다.

③ 일본에서는 반복하여 말하거나 머리를 숙이거나 합니다.

Exercise 03 | 한국어로 바꾸기

① 国によって文化や価値観が違うようにあいさつの仕方も違います。

② 会って別れる時のあいさつに日本語と韓国語では違いがあります。

③ 知らない人に道を聞いたり、お店の人に質問したりする時「すみません」を使います。

④ プレゼントをもらった時にも「すみません」と言います。

Work book

장면별 일본어의 인사말 조사하기.

일본어로 배우는 일본의 사회와 문화 (1과)	학번:	이름:

장면	한국어	일본어
식전	잘 먹겠습니다	
식후	잘 먹었습니다	
자기전	안녕히 주무세요	
처음 만났을 때	처음 뵙겠습니다	
기쁠 때, 고마울 때	감사합니다	
사과할 때	미안합니다	すみません、ごめんなさい
축하할 때	축하합니다	
외출할 때	다녀오겠습니다	
	다녀오세요	いってらっしゃい
외출에서 돌아올 때	다녀왔습니다	
	어서오세요	

2과

일본의 지리, 제대로 알고 있나요?

日本の地理、 ちゃんと知っていますか？

| 학습목표 |

- 일본의 **지리**에 대하여 이해할 수 있다.
- 일본의 **지리**와 관련된 단어와 표현을 사용할 수 있다.
- 일본의 **지리**에 대하여 조사하고 활용할 수 있다.

칼럼

お隣の国、日本。みなさんは「日本」についてどのくらい知っていますか。

まずは知っている日本の地名を挙げてみてください。「九州」「福岡」「東京」「大阪」「横浜」…でも、ここに挙げた地名の行政区画はすべて違います。どういうことでしょうか。

日本は地図で見てわかるとおり、南北に長い形をしていて大きくよっつの島に分かれています。北から北海道、本州、四国、九州です。その他にも沖縄をはじめ、何千もの小さな島があります。

続いて各地方の行政区画としては「都道府県」、さらに「市町村」があります。

整理すると、最初に挙げた地名のうち「九州」という島の中に「福岡県」など7つの県があり、「福岡県」の中に「福岡市」など29の市があるということです。

では、残りの「東京」「大阪」「横浜」は?

日本の行政区画について学習し、調べてみましょう。

칼럼 번역

<강의를 듣고 쓰세요.>

칼럼 어휘

(お)隣 (お)となり	이웃, 옆 (お는 접두사)	形 かたち	형태, 모양
地名 ちめい	지명	大きく おおきく	크게 大きい의 부사형
挙げる あげる	예로 들다	島 しま	섬
行政区画 ぎょうせいくかく	행정구획(구역)	分かれる わかれる	나뉘다
地図 ちず	지도	北 きた	북
南北 なんぼく	남북	分かる わかる	알다,이해하다
何千もの なんぜんもの	몇 천 개나 되는	市町村 しちょうそん	시/동/마을 (행정구획)
小さな ちいさな	작은	整理する せいりする	정리하다
続いて つづいて	이어서	最初 さいしょ	처음
地方 ちほう	지방	中 なか	안, 가운데
都道府県 とどうふけん	도/도/부/현 (행정구획)	残り のこり	나머지
さらに	또한, 나아가	学習する がくしゅうする	학습하다

日本	일본	北海道	홋카이도
にほん		ほっかいどう	
九州	규슈	本州	혼슈
きゅうしゅう		ほんしゅう	
福岡	후쿠오카	四国	시코쿠
ふくおか		しこく	
東京	도쿄	沖縄	오키나와
とうきょう		おきなわ	
大阪	오사카	福岡県	후쿠오카현
おおさか		ふくおかけん	
横浜	요코하마	福岡市	후쿠오카시
よこはま		ふくおかし	

➲ 일본의 네 개의 큰 섬

➲ 일본의 지역 구분

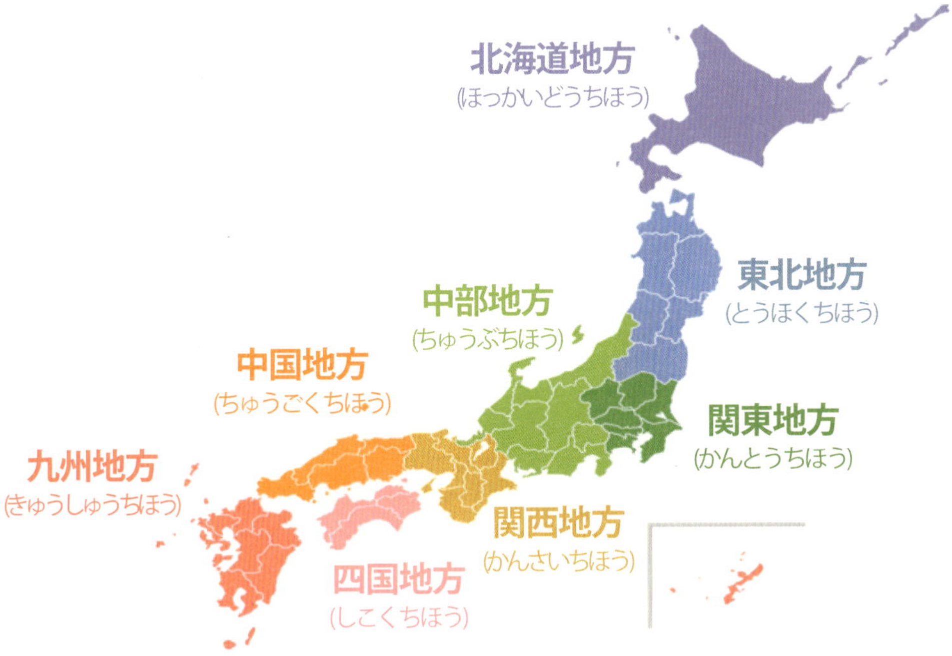

[출처: https://frame-illust.com]

➲ 일본의 행정구획

1都1道2府43県

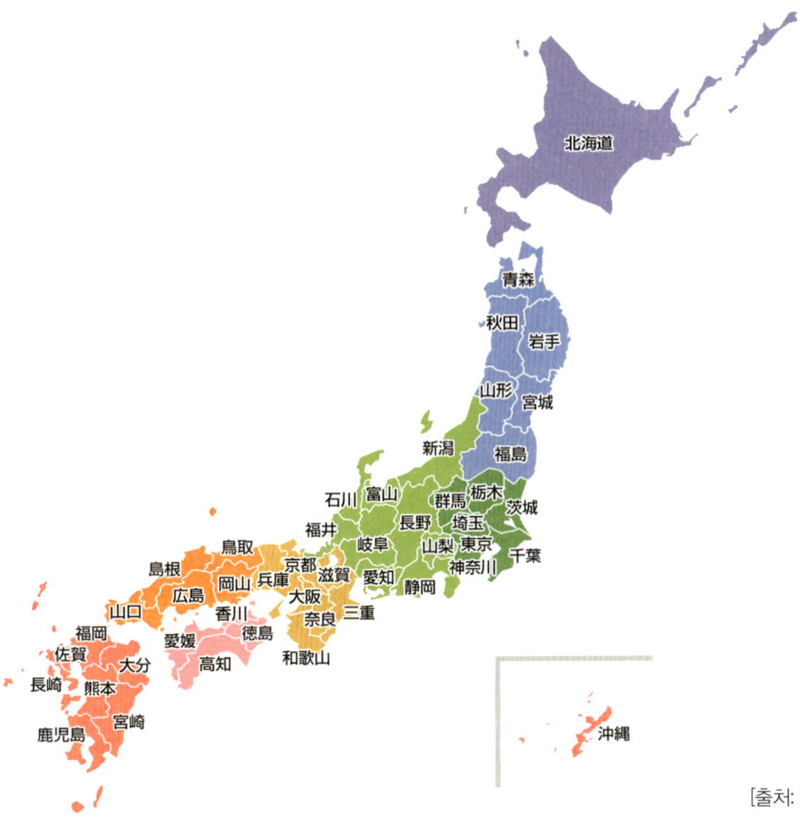

[출처: https://frame-illust.com]

문형

① ~について　　• 日本について知っていますか。(~에 대해, 앞의 사항 설명)

② ~ている　　• よつつ島に分かれています。(동작이나 변화의 지속)

③ ~をはじめ　　• 沖縄をはじめ、何千もの小さな島があります。(대표적 사항 예시)

④ ~として　　• 行政区画として、都道府県があります。(자격, 입장)

⑤ ~という　　• これは「九州」という島です。(인용)

회화문 어휘

일본어	뜻	일본어	뜻
何県 なにけん	무슨 현	都庁 とちょう	도청
だから	그러니까	にぎやかだ	번화하다
その内 そのうち	그 중	所 ところ	곳, 장소
気になる きになる	신경 쓰이다, 궁금하다	市 し	시
属する ぞくする	속하다	少し すこし	조금
島 しま	섬		
名前 なまえ	이름		

대화 내용 확인

【1】내용과 맞는 것에 ○(まる) 아니면 ×(ばつ)를 쓰세요.

1) [ ]北海道는 県의 이름이다.

2) [ ]広島는 県의 이름이다.

3) [ ]일본은 모두 같은 행정구획으로 나눠져 있다.

【2】다음 질문에 답하세요.

「新宿」はどんな所ですか。

→ ______________________________

듣고 써 봅시다

明守：先生、北海道は何県ですか。
先生：え？
明守：日本は沖縄県、広島県のように県に分かれているんですよね？
　　　だから北海道は(1.　　　　　　)、何県にあるのかが(2.　　　　　　)…。
先生：あー、そういうことですね。
　　　日本は「県」だけではなく「都道府県」に分かれていて、
　　　北海道はその中の「道」に(3.　　　　　　)。
　　　そして、北海道という(4.　　　　　　)でもあります。
明守：へー。では、新宿はどうですか。
先生：新宿は東京都にある(5.　　　　　　)です。
　　　東京都の都庁があって、とてもにぎやかな所です。
明守：市ではないんですか。
　　　東京は(6.　　　　　　)が少し違うようですね。

회화 번역

<강의를 듣고 쓰세요.>
明守：
先生：
明守：

先生：

明守：
先生：

明守：

1, 2강 내용 확인

① **次の行政区画は何ですか。→ 福岡、広島、大阪、東京、新宿、横浜、沖縄**

다음의 행정구역은 무엇인가요?

② **日本のよっつの大きな島の名前は何ですか 。**

일본의 4개의 큰 섬 이름은 무엇인가요?

③ **日本の都道府県のうち、都 ・道 ・府はどこですか。**

일본의 도도부현 중 도, 도, 부는 어디인가요?

④ **北海道は県の名前ですか？**

홋카이도는 현의 이름인가요?

⑤ **東京都にある区は新宿だけですか。**

도쿄도에 있는 구는 신주쿠 하나뿐인가요?

Exercise 01 | 어휘 빈칸 채우기

	어휘(한자)	한자읽기(히라가나)	한국어 의미
①	地名	ちめい	지명
②	隣		
③	地図		
④	形		
⑤	行政区画		
⑥	都道府県		
⑦	区		
⑧	分かれる		
⑨	知る		
⑩	挙げる		
⑪	何・何県		
⑫	名前		
⑬	都庁		
⑭	属する		
⑮	気になる		
⑯	違う		
⑰	他		
⑱	ー	だから	
⑲	ー	そして	
⑳	ー	とても	

Exercise 02 | 일본어로 바꾸기

① 여러분은 도쿄에 대해 알고 있나요?

② 北海道는 '현(県)'이 아니고 '도(道)'에 속합니다.

③ 新宿는 東京都에 있는 구(区) 의 하나입니다.

Exercise 03 | 한국어로 바꾸기

① 日本は地図で見てわかるとおり、南北に長い形をしていています。

② 日本には沖縄をはじめ、何千もの小さな島があります。

③「九州」という島の中には「福岡県」など7つの県があります。

④ 新宿は東京都の都庁があって、とてもにぎやかな所です。

Exercise 04

일본의 행정구획(1도1도2부43현)에 대해 조사해봅시다.

日本の地域区分と都道府県

北海道地方

1. 北海道

東北地方

2. 青森県
3. 岩手県
4. 宮城県
5. 秋田県
6. 山形県
7. 福島県

関東地方

8. 茨城県
9. 栃木県
10. 群馬県
11. 埼玉県
12. 千葉県
13. 東京都
14. 神奈川県

中部地方

15. 新潟県
16. 富山県
17. 石川県
18. 福井県
19. 山梨県
20. 長野県
21. 岐阜県
22. 静岡県
23. 愛知県

関西地方

24. 三重県
25. 滋賀県
26. 京都府
27. 大阪府
28. 兵庫県
29. 奈良県
30. 和歌山県

中国地方

31. 鳥取県
32. 島根県
33. 岡山県
34. 広島県
35. 山口県

四国地方

36. 徳島県
37. 香川県
38. 愛媛県
39. 高知県

九州地方・沖縄地方

40. 福岡県
41. 佐賀県
42. 長崎県
43. 熊本県
44. 大分県
45. 宮崎県
46. 鹿児島県
47. 沖縄県

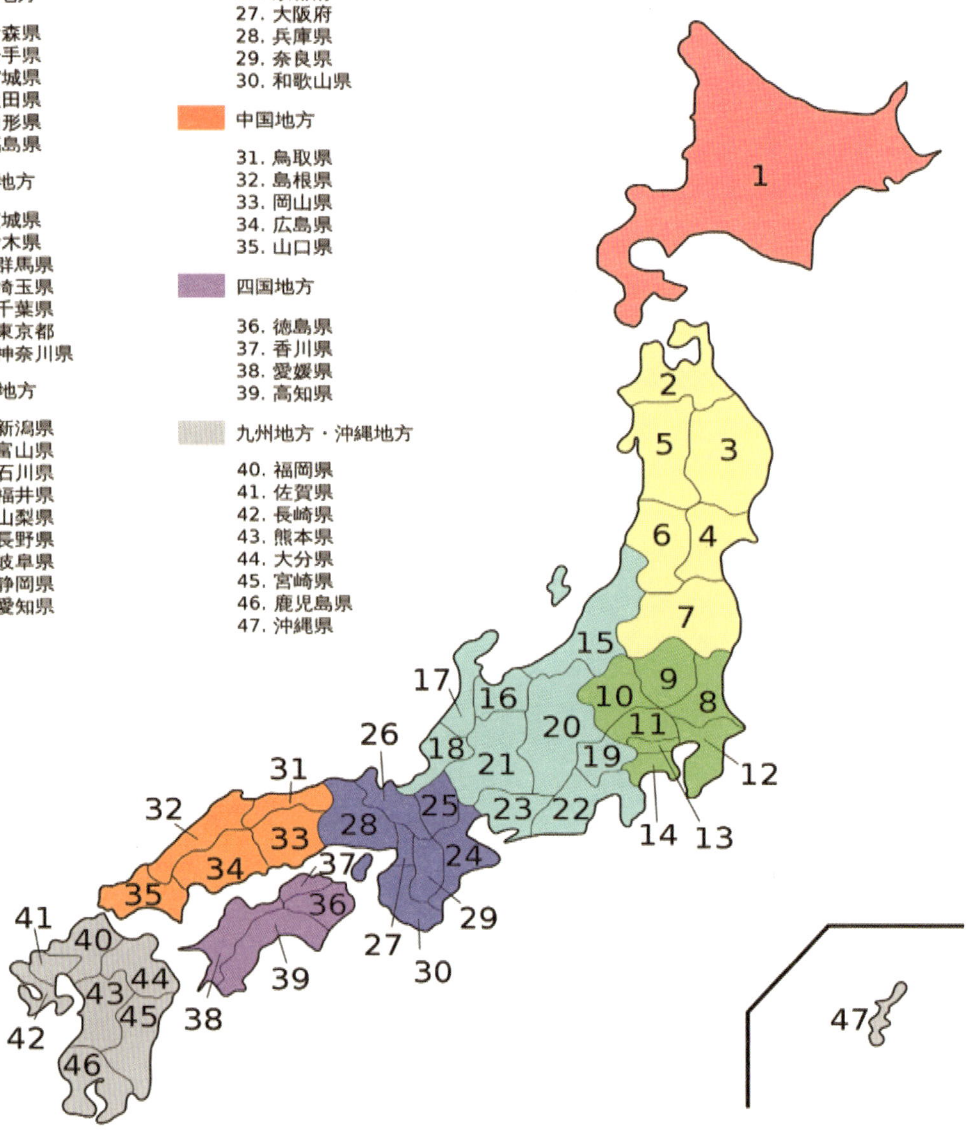

Work book

일본의 행정구획 정리하기 (빠진 곳 조사)

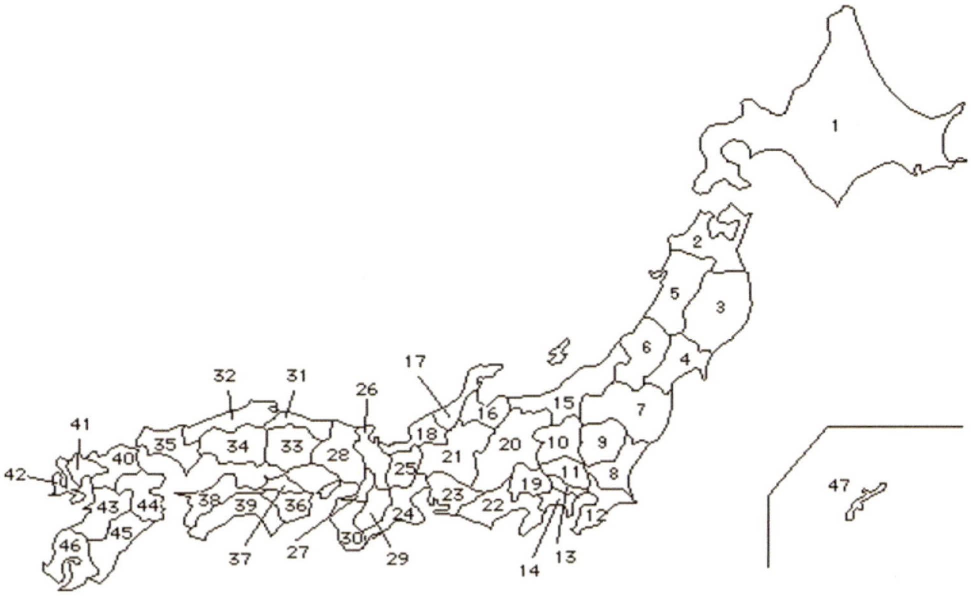

일본어로 배우는 일본의 사회와 문화(2과)　　학번:　　　　　　이름:

1			17	石川県	いしかわけん	33	岡山県	おかやまけん
2			18	福井県	ふくいけん	34	広島県	ひろしまけん
3	岩手県	いわてけん	19	山梨県	やまなしけん	35	山口県	やまぐちけん
4	宮城県	みやぎけん	20	長野県	ながのけん	36	徳島県	とくしまけん
5	秋田県	あきたけん	21	岐阜県	ぎふけん	37	香川県	かがわけん
6	山形県	やまがたけん	22	静岡県	しずおかけん	38	愛媛県	えひめけん
7			23	愛知県	あいちけん	39		
8			24	三重県	みえけん	40		
9	栃木県	とちぎけん	25	滋賀県	しがけん	41	佐賀県	さがけん
10	群馬県	ぐんまけん	26			42	長崎県	ながさきけん
11	埼玉県	さいたまけん	27			43	熊本県	くまもとけん
12	千葉県	ちばけん	28	兵庫県	ひょうごけん	44	大分県	おおいたけん
13			29	奈良県	ならけん	45	宮崎県	みやざきけん
14			30	和歌山県	わかやまけん	46		
15	新潟県	にいがたけん	31	鳥取県	とっとりけん	47		
16	富山県	とやまけん	32	島根県	しまねけん			

3과

일본의 철도를 이용해볼까요?

日本の鉄道を利用してみましょうか？

| 학습목표 |

- 일본의 **철도**에 대하여 이해할 수 있다.
- 일본의 **철도**와 관련된 단어와 표현을 사용할 수 있다.
- 일본의 **철도**에 대하여 조사하고 활용할 수 있다.

칼럼

初めて東京で鉄道を利用する人は二つの理由でびっくりするかもしれません。

一つ目の理由は路線の複雑さです。いくつもの路線が絡み合っていて、目的地にどうやって行けばいいのか迷ってしまいます。これは日本の鉄道が民営化されてから、JRグループをはじめ、複数の私鉄ができたためです。

二つ目の理由は料金の高さです。初乗り料金も高いですが、別の路線に乗り換える時には新たな料金が発生します。でも、心配しないでください。お得に利用できる乗車券があります。種類が多いので、目的に合わせて選ぶことができます。

JRパスを利用すると、日本全国にあるJRグループの鉄道が期間内は乗り放題です。新幹線もほぼ含まれます。日本に行くときにはチェックしてみてください。

ここでは、日本国内を移動する時にどのように鉄道を利用すればいいのかを検索しながら調べてみましょう。

칼럼 번역

<강의를 듣고 쓰세요.>

칼럼 어휘

初めて はじめて	처음	絡み合う からみあう	얽혀있다
鉄道 てつどう	철도	目的地 もくてきち	목적지
利用する りようする	이용하다	迷う まよう	고민하다
理由 りゆう	이유	民営化される みんえいかされる	민영화되다 民営化する의 수동형
路線 ろせん	노선	ＪＲグループ ＪＲgroup	Japan railway Group
複雑さ ふくざつさ	복잡함 複雑だ의 명사형	複数 ふくすう	복수
私鉄 してつ	민영철도	乗車券 じょうしゃけん	승차권
初乗り料金 はつのりりょうきん	기본요금	目的に合わせる もくてきにあわせる	목적에 부합하다
乗り換える のりかえる	환승하다	選ぶ えらぶ	고르다
新たな あらたな	새로운	期間内 きかんない	기간내
発生する はっせいする	발생하다	乗り放題 のりほうだい	무제한 탑승
心配する しんぱいする	걱정하다	検索する けんさくする	검색하다

문형

①~かもしれない	• びっくりするかもしれません。(추측)
②~すればいい	• どうやって行けばいいですか。(허가, 가능)
③~される	• 日本の鉄道は民営化されました。(수동)
④~ことができる	• 目的に合わせて選ぶことができます。(가능)
⑤~放題	• 期間内は乗り放題です。(제한 없이 ~함)

회화문 어휘

迷う	고민하다	起点	기점	電車	전철
まよう		きてん		でんしゃ	
アドバイス	충고	通る	통과하다	最寄り駅	가장 가까운 역
advice		とおる		もよりえき	
近く	근처	予定	예정	乗り換え	환승, 乗り換える의 명사형
ちかく		よてい		のりかえ	
移動	이동	本当	정말	行き方	가는 방법
いどう		ほんとう		いきかた	
便利だ	편리하다	観光する	관광하다	路線検索サイト	노선검색 사이트
べんりだ		かんこうする		ろせんけんさくsite	
路線図	노선도 (노선표)	それなら	그렇다면	アプリケーション	앱, アプリ
ろせんず				application	

대화 내용 확인

【1】내용과 맞는 것에 O(まる) 아니면 ×(ばつ)를 쓰세요.

1) [ ]JR山手線은 浅草駅을 지나가지 않는다.

2) [ ]知恵는 箱根에 꼭 가고 싶다고 생각하고 있다.

3) [ ]新宿에서 箱根까지는 환승하지 않아도 갈 수 있다.

【2】다음 질문에 답하세요.

先生はホテルの場所にどこをすすめていますか。

→ ______________________________

듣고 써 봅시다

知恵：先生、今度東京に行くんですがホテルの場所をどこにしようか(1.　　　　　　　)。
何かアドバイスありますか。
先生：JR山手線の駅の近くが移動に便利ですよ。この(2.　　　　　　　)を見てください。
品川を(3.　　　　　　　)渋谷、新宿、東京などよく利用する駅を通ります。
知恵：本当ですね。では、この中ではどこがいいですか。
先生：東京ではどんな所へ行く予定ですか。
知恵：新宿や渋谷でショッピングして、浅草寺を(4.　　　　　　　)予定です。
それに、箱根にも行けたら行きたいです。
先生：それなら新宿がいいですね。箱根までも電車一本で行けます。
知恵：浅草寺はどうですか。
先生：(5.　　　　　　　)の浅草駅までは乗り換えが必要ですが30分で行けます。
詳しい行き方は路線検索サイトや(6.　　　　　　　)を利用してみてください。

회화 번역

<강의를 듣고 쓰세요.>

知恵：

先生：

知恵：

先生：

知恵：

先生：

知恵：

先生：

1, 2강 내용 확인

① 東京で鉄道を利用する人がびっくりする理由は何ですか。

도쿄에서 철도를 이용하는 사람이 놀라는 이유는 무엇인가요?

② 日本の鉄道と韓国の鉄道の大きな違いは何ですか。

일본 철도가 한국과 다른 커다란 차이는 무엇인가요?

③ 東京では韓国のように別の路線に乗り換える時、料金が安くなりますか?

도쿄에서는 한국과 같이 다른 노선으로 환승할 때, 요금이 싸지나요?

④ JRパスを使うとお得ですか。

JR패스를 사용하면 득인가요?

⑤ 先生が山手線の近くをすすめた理由は何ですか。

선생님이 山手線 근처를 추천한 이유는 무엇입니까?

⑥ JR山手線はどこを通りますか。

JR山手線은 어디를 지나가죠?

Exercise 01 | 어휘 빈칸 채우기

	어휘(한자)	한자읽기(히라가나)	한국어 의미
①	鉄道		
②	路線		
③	目的地		
④	料金		
⑤	乗車券		
⑥	新幹線		
⑦	乗り換える		
⑧	利用する		
⑨	移動する		
⑩	検索する		
⑪	場所		
⑫	近く		
⑬	路線図		
⑭	最寄り駅		
⑮	電車		
⑯	ショッピングする		
⑰	観光する		
⑱	迷う		
⑲	便利だ		
⑳	今度		

Exercise 02 | 일본어로 바꾸기

① 처음 도쿄에서 철도를 이용하는 사람은 놀랄지도 모릅니다.

② 종류가 많아서 목적에 맞게 고를 수 있습니다.

③ 아사쿠사역(浅草駅)까지는 환승이 필요합니다만 30분에 갈수 있습니다.

Exercise 03 | 한국어로 바꾸기

① 初乗り料金が高いですが、乗り換える時には新たな料金が発生します。

② JRパスは日本全国にあるJRグループの鉄道が期間内は乗り放題です。

③ 最寄り駅の浅草駅までは乗り換えが必要です。

④ 行き方は路線検索サイトやアプリケーションを利用してみてください。

Exercise 04

일본에서 철도를 어떻게 이용하면 좋을지 조사해봅시다.

예) 新宿에서 浅草에 가는 방법 조사하기

목적지	가까운 역	환승	시간	교통비	선택 이유
浅草	浅草駅				

1) 검색창에 「新宿駅から浅草駅まで」 입력

[출처: https://transit.yahoo.co.jp/]

2) 검색 결과

[출처: https://transit.yahoo.co.jp/]

ルート1(루트1)을 선택한 경우

[출처: https://transit.yahoo.co.jp/]

목적지	가까운 역	환승	시간	교통비	선택 이유
浅草	浅草駅	1 회	31분	３３６円	272엔 노선이 있으나 환승시 걸어야 하므로 번거로움

Work book

新宿駅에서 다음 장소까지 이동할 때 가장 편리한 철도 노선 검색하기

일본어로 배우는 일본의 사회와 문화 (3과) 학번: 이름:

목적지	가까운 역	환승	소요시간	교통비	선택 이유
예)浅草寺	浅草駅	1 회	31분	336円	272엔 드는 노선이 있으나 환승할 때 걸어야 하므로 번거로움
1)スカイツリー (도쿄의 심볼탑)					
2)横浜みなとみらい (요코하마 MM21)					
3)羽田空港 (하네다 공항)					

4과

일본의 세계유산을 아시나요?

日本の世界遺産を知っていますか？

| 학습목표 |

- 일본의 **세계유산**에 대하여 이해할 수 있다.
- 일본의 **세계유산과** 관련된 단어와 표현을 사용할 수 있다.
- 일본의 **세계유산**에 대하여 조사하고 활용할 수 있다.

칼럼

みなさんは日本には世界遺産がいくつあるか知っていますか。答えは文化遺産が20件、そして、自然遺産が５件の合計25件です。

文化遺産というのは「人が作り上げたもの」です。日本だと兵庫県の姫路城や広島県の厳島神社などが挙げられます。また、ひとつの場所や建物だけではありません。京都の場合17の寺社と城郭で構成されています。

そして、自然遺産は「人の手が入らず、地球の歴史がわかるもの」で、屋久島や白神山地などがその例です。この２か所はアニメ『もののけ姫』の舞台になったことでも有名です。

それでは問題です。富士山は文化遺産、自然遺産の内、どちらに登録されているでしょうか。答えは文化遺産です。その理由は日本で一番高い山ということだけではなく、信仰の対象や芸術の源泉など、文化的景観として意義を持つことが評価されたためです。

世界遺産と言ってもその範囲や意義が様々であることがわかります。みなさんはどこかへ行ったことがありますか。そして、どこへ行ってみたいですか。その場所について調べてみましょう。

칼럼 번역

<강의를 듣고 쓰세요.>

칼럼 어휘

일본어	뜻	일본어	뜻
世界遺産 せかいいさん	세계유산	合計 ごうけい	합계
いくつ	몇 개	作り上げる つくりあげる	만들어내다
答え こたえ	정답	建物 たてもの	건물
文化遺産 ぶんかいさん	문화유산	寺社 じしゃ	절과 신사
~件 ~けん	건(단위)	城郭 じょうかく	성곽
自然遺産 しぜんいさん	자연유산	構成される こうせいされる	구성되다 構成する의 수동형
手が入る てがはいる	손이 닿다 (손을 타다)	舞台 ぶたい	무대
地球 ちきゅう	지구	有名だ ゆうめいだ	유명하다
歴史 れきし	역사	登録される とうろくされる	등록되다 登録する의 수동형
例 れい	예	信仰 しんこう	신앙
2か所 にかしょ	두군데	対象 たいしょう	대상
アニメ animation	만화영화 アニメーション의약기	様々だ さまざまだ	다양하다
芸術 げいじゅつ	예술	兵庫県 ひょうごけん	효고현

源泉 げんせん	원천	姫路城 ひめじじょう	히메지성
文化的景観 ぶんかてきけいかん	문화적 경관	広島県 ひろしまけん	히로시마현
意義を持つ いぎをもつ	의의를 갖다	厳島神社 いつくしまじんじゃ	이츠쿠시마 신사
評価される ひょうかされる	평가되다 評価する의 수동형	屋久島 やくしま	야쿠시마(야쿠섬)
範囲 はんい	범위	白神山地 しらかみさんち	시라카미 산지

➲ 칼럼에 나온 세계유산

등록명	분류	년도	소재	소개
이츠쿠시마신사 厳島神社	문화	1996	히로시마현 広島県	섬(厳島)을 배경으로 바다에 목조건축을 세운 일본에서도 보기 드문 신사
히메지성 姫路城	문화	1993	효고현 兵庫県	성벽을 흰색 으로 마무리한 일본에서도 독특한 성곽건축
고도 교토 문화재 古都京都の文化財	문화	1994	교토부, 시가현 京都府、滋賀県	京都府 교토시와 우지시, 시가현 오오츠시에 있는 17개의 절과 신사, 성곽으로 구성
후지산 富士山 ー信仰の対象と芸術の源泉	문화	2013	시즈오카현,야마나시현 静岡県、山梨県	일본에서 가장 높은 산이면서 신앙의 대상, 예술의 원천이 되는 문화적 경관이라는 점이 높이 평가됨
야쿠시마 屋久島	자연	1993	가고시마현 鹿児島県	원시상태로 보존된 섬. 고유식물인 삼나무로 유명함
시라카미산지 白神山地	자연	1993	아오모리현, 아키타현 青森県、秋田県	광대한 산지, 사람의 손이 닿지 않은 세계 최대 너도밤나무 숲. 다양한 동식물이 서식 자생하고 있음

➲ 위치

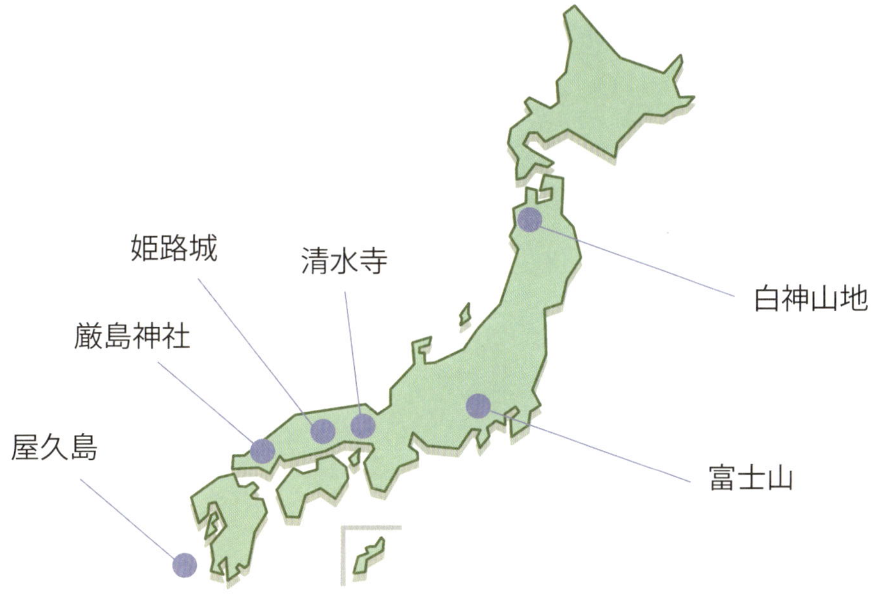

문형

①~か	• 日本には世界遺産がいくつあるか知っていますか。(의문)
②~ず	• 人の手が入らず、地球の歴史がわかるもの。(고어, 동사의 부정)
③~だけではない	• Aだけではなく、Bも来ます。(추가)
④~ため	• 文化的景観として意義を持つことが評価されたためです。(원인)
⑤~た ことが ある	• 私は日本へ行ったことがあります。(경험)

회화문 어휘

海 うみ	바다	大鳥居 おおとりい	대형 도리이 (신사 입구의 문)
珍しい めずらしい	드물다	周り まわり	주변
写真 しゃしん	사진	時間帯 じかんたい	시간대
実際 じっさい	실제	夜 よる	밤
日本三景 にほんさんけい	일본 3경	ライトアップ light up	라이트 업
建てられる たてられる	세우다, 짓다 建てる의 수동형	雰囲気 ふんいき	분위기

대화 내용 확인

【 1 】내용과 맞는 것에 ○(まる) 아니면 ×(ばつ)를 쓰세요.

1) [ ]明守는 厳島神社에 가본 적이 없다.

2) [ ]밤에 가면 大鳥居까지 걸어 갈 수 있다.

3) [ ]厳島神社가 있는 宮島는 日本三景 중 하나이다.

【 2 】다음 질문에 답하세요.

厳島神社はどうしてこの場所に建てられましたか。

→ ____________________

듣고 써 봅시다

先生：世界遺産の中ではどこに一番行ってみたいですか。

明守：そうですね…。迷いますが、広島県の厳島神社が気になります。

(1.　　　　　　)に神社があるなんて(2.　　　　　　)と思います。

それに(3.　　　　　　)で見るととてもきれいです。

先生：実際、厳島神社がある宮島は(4.　　　　　　)のひとつと言われるほどですよ。

明守：でも、どうして海の中に(5.　　　　　　)んですか。

先生：島全体が信仰の対象だったからと言われています。

明守：そうなんですね。あれ、大鳥居の周りに水がない(3.　　　　　　)もありますね。

先生：水の高さが変わるので、

時間帯によっては大鳥居まで歩いていくこともできるんですよ。

それに夜は(6.　　　　　　)されて、また雰囲気が違います。

明守：へー！いろんな時間に行ってみたいです。

회화 번역

<강의를 듣고 쓰세요.>

先生：

明守：

先生：

明守：

先生：

明守：

先生：

明守：

1, 2강 내용 확인

① 日本の世界遺産はいくつありますか。

일본의 세계유산의 수는?

② 文化遺産と自然遺産の違いは何ですか？

문화유산과 자연유산의 차이는 무엇인가요?

③ 富士山は文化遺産ですか? 自然遺産ですか?

후지산은 문화유산인가요? 자연유산인가요?

④ 厳島神社は何県にありますか？

이츠쿠시마 신사는 어느 현에 있나요?

⑤ 厳島神社はなぜ海の中に建てられましたか。

이츠쿠시마 신사는 왜 바다 속에 세워졌나요?

⑥ 厳島神社の周りの水がなくなっている理由は何ですか。

이츠쿠시마 신사 주변의 물이 없어지는 이유는 무엇인가요?

Exercise 01 | 어휘 빈칸 채우기

	어휘(한자)	한자읽기(히라가나)	한국어 의미
①	世界遺産		
②	文化遺産		
③	自然遺産		
④	景観		
⑤	場所		
⑥	地球		
⑦	芸術		
⑧	構成される		
⑨	評価される		
⑩	有名だ		
⑪	神社		
⑫	夜		
⑬	写真		
⑭	周り		
⑮	高さ		
⑯	建てられる		
⑰	変わる		
⑱	珍しい		
⑲	―	それに	
⑳	―	どうして	

Exercise 02 | 일본어로 바꾸기

① 일본에 세계유산(世界遺産)이 몇 개 있는지 알고 있나요?

② '문화유산(文化遺産)' 이란 사람이 만들어낸 것입니다.

③ 여러분은 문화유산(文化遺産) 중, 어디에 가보고 싶나요?

Exercise 03 | 한국어로 바꾸기

① 自然遺産は「人の手が入らず、地球の歴史がわかるもの」です。

② 富士山は日本で一番高い山ということだけではなく、芸術の源泉でもあります。

③ 水の高さが変わるので、時間帯によっては歩いていくこともできます。

Work book

일본의 세계유산 중 1곳을 골라 조사하기 (칼럼에서 소개된 곳 제외)

일본어로 배우는 일본의 사회와 문화 (4과) 학번: 이름:

사진	등록명	등록연도	소재

장소 관련 정보	등록 경위	꼭 보아야 할 것

5과

일본에는 어떤 마츠리가 있나요?

日本にはどんなお祭りがありますか？

| 학습목표 |

- 일본의 **마츠리**에 대하여 이해할 수 있다.
- 일본의 **마츠리**와 관련된 단어와 표현을 사용할 수 있다.
- 일본의 **마츠리**에 대하여 조사하고 활용할 수 있다.

칼럼

日本のお祭りは元々「神様に感謝する」ためのもので、宗教と深い関わりがありました。それが時がたつにしたがって様々なかたちで発展し、今ではたくさんのお祭りが一年中開催されています。

規模も大小様々です。大きいものの中でも特に「京都の祇園祭」「大阪の天神祭」「東京の神田祭」は日本を代表する三大祭りとして有名です。海外からも多くの観光客が訪れるほどです。

一方、小さなものとしては地域のコミュニティで開催される夏祭りなどがあります。そこでは子供からお年寄りまでみんな一緒に盆踊りを踊ったりします。

どのお祭りにも人々が集まる場となり、絆を深める機能があります。人々と一緒に食べて飲んで踊ることで、日常にはない大きなパワーを発揮します。日本のお祭りについて知ることは日本人の精神世界や各地域特有の文化を知ることにもつながります。どんなお祭りがあるか調べてみましょう。

칼럼 번역

<강의를 듣고 쓰세요.>

칼럼 어휘

일본어	한국어	일본어	한국어
お祭り おまつり	마츠리, 축제	時がたつ ときがたつ	시간이 가다
元々 もともと	원래	形 かたち	형태
神様 かみさま	신	発展する はってんする	발전하다
感謝する かんしゃする	감사하다	開催される かいさいされる	개최되다 開催する의 수동형
宗教 しゅうきょう	종교	規模 きぼ	규모
関わり かかわり	관계	大小様々 だいしょうさまざま	크고작고 다양한
代表する だいひょうする	대표하다	夏祭り なつまつり	여름 축제
海外 かいがい	해외, 국외	子供 こども	아이
観光客 かんこうきゃく	관광객	お年寄り おとしより	노인, 어르신
訪れる おとずれる	방문하다	盆踊り ぼんおどり	마츠리때 추는 춤
地域 ちいき	지역	踊る おどる	춤추다
コミュニティ community	커뮤니티, 사회	人々 ひとびと	사람들
集まり あつまり	모임	精神世界 せいしんせかい	정신세계

絆 きずな	유대	特有 とくゆう	독특
深める ふかめる	돈독히 하다	つながる	이어지다
機能 きのう	기능	祇園祭 ぎおんまつり	기온 마츠리
パワー power	파워	天神祭 てんじんまつり	텐진 마츠리
発揮する はっきする	발휘하다	神田祭 かんだまつり	간다 마츠리

문형

① ~にしたがって • 時がたつにしたがって様々なかたちで発展した。(진행 동반)

② 多くの • 海外からも多くの観光客が訪れるほどです。(명사수식, 많은)

③ ~ほど • 海外からも多くの観光客が訪れるほどです。(정도)

④ ~から~まで • 子供からお年寄りまで (범위)

⑤ ~としての • 絆を深める場としての機能があります。(명사수식, 자격)

회화문 어휘

参加する さんかする	참가하다	ハイライト highlight	하이라이트
浴衣 ゆかた	유카타	台 だい	받침대
踊る おどる	춤추다	造り物 つくりもの	구조물
素敵だ すてきだ	멋지다	載せる のせる	올려놓다
思い出 おもいで	추억	動く うごく	움직이다
学生時代 がくせいじだい	학창시절	美術館 びじゅつかん	미술관

대화 내용 확인

【1】내용과 맞는 것에 ○(まる) 아니면 ×(ばつ)를 쓰세요.

1) [ ]선생님은 어렸을 때 지역 夏祭り에 浴衣를 입고 참여한 적이 있다.

2) [ ]祇園祭는 일본 3대축제중 하나다.

3) [ ]祇園祭에서 가장 큰 행사는 盆踊り다.

【2】다음 질문에 답하세요.

山鉾巡行とはどんなイベントですか。

→ ______________________________

듣고 써 봅시다

知恵：日本のお祭りは韓国とは雰囲気が違いますね。
　　　先生もお祭りに(1.　　　　　　)ことがありますか。
先生：はい。子供の時は地域の夏祭りによく行きました。
　　　浴衣を着て、みんなと盆踊りを踊るのはとても楽しかったです。
知恵：(2.　　　　　　　　　)ですね。
先生：それに(3.　　　　　　　)は京都に住んでいたので祇園祭には何度も行きました。
知恵：祇園祭というと、日本三大祭のひとつですね。どんなお祭りですか。
先生：京都にある八坂神社を中心に１ヶ月にわたり行われます。
　　　(4.　　　　　　　)は山鉾巡行です。
知恵：山鉾巡行？
先生：山鉾というのは台の上に(5.　　　　　　　) を載せた車のことで、
　　　それが京都市内を移動するイベントです。
　　　祇園祭で使う山鉾はきれいに飾られて「(6.　　　　　　　　　)」と
　　　言われるほどなんですよ。

회화 번역

<강의를 듣고 쓰세요.>
知恵：
先生：
知恵：
先生：
知恵：
先生：

知恵：
先生：

1, 2강 내용 확인

① 日本のお祭りは元々どういう意味がありましたか。

일본의 마츠리는 원래 어떠한 의미를 가지고 있나요?

② 日本を代表する三大祭りは何ですか。

일본을 대표하는 3대 마츠리는 무엇입니까?

③ 日本のお祭りについて知ることの意味は何ですか。

일본의 마츠리에 대해 안다는 것은 어떤 의미가 있나요?

④ 祇園祭はどんなお祭りですか。

祇園祭는 어떤 축제인가요?

⑤ 山鉾巡行とは何ですか。

山鉾巡行이란 무엇인가요?

Exercise 01 | 어휘 빈칸 채우기

	어휘(한자)	한자읽기(히라가나)	한국어 의미
①	お祭り		
②	関わり		
③	地域		
④	人々		
⑤	子供		
⑥	お年寄り		
⑦	精神		
⑧	深める		
⑨	集まる		
⑩	感謝する		
⑪	雰囲気		
⑫	思い出		
⑬	浴衣		
⑭	台		
⑮	市内		
⑯	楽しい		
⑰	一ヶ月		
⑱	ー	コミュニティ	
⑲	ー	パワー	
⑳	ー	イベント	

Exercise 02 | 일본어로 바꾸기

① 마츠리는 원래 종교(宗教)와 깊은 관련(関連)이 있었습니다.

② 해외로부터도 많은 관광객(観光客)이 방문할 정도입니다.

③ 학창시절에는 京都에 살고 있었습니다.

Exercise 03 | 한국어로 바꾸기

① お祭りは時がたつにしたがって様々なかたちで発展してきました。

② 人々と一緒に食べて飲んで踊ります。

③ 学生時代は京都に住んでいました。

Work book

일본의 마츠리중 하나를 골라서 조사하기

일본어로 배우는 일본의 사회와 문화 (5과) 학번: 이름:

사진	이름	장소	시기

주요 행사 및 설명	선택한 이유

6과

일본의 명절, 무엇이 다른가요?

日本の年中行事、何が違いますか？

| 학습목표 |

- 일본의 **명절**에 대하여 이해할 수 있다.
- 일본의 **명절**과 관련된 단어와 표현을 사용할 수 있다.
- 일본의 **명절**에 대하여 조사하고 활용할 수 있다.

칼럼

日本人は年中行事を大切にしています。その中でも「お正月」は特別です。

お正月を迎えるための準備は年末から始まります。まずは１月１日に届くように年賀状を書き、12月中にポストに出します。また、家族総出で大掃除をし、門松や鏡餅などを飾る家もあります。

大晦日の夜には「年越しそば」を食べる風習があります。細く長く過ごせるようにとの願いが込められています。さらに、そばは他のめんに比べ切れやすいことから、その年の悪いことをすべて切り捨てるという意味もあります。この日は各地で新年を迎えるための行事が行われるので、１年の中で最も賑やかな夜になります。

日付が１月１日になった瞬間から「あけましておめでとう」と言い合い、みんなで新年を祝います。お正月の朝にはお雑煮やおせち料理を食べます。親や親戚からもらうお年玉は子供にとって欠かせない楽しみの一つです。

その他の日本の年中行事についても調べてみましょう。

칼럼 번역

<강의를 듣고 쓰세요.>

칼럼 어휘

단어	뜻	단어	뜻
年中行事 ねんちゅうぎょうじ	연중행사	始まる はじまる	시작되다
大切だ たいせつだ	중요하다	届く とどく	배달되다
特別だ とくべつだ	특별하다	年賀状 ねんがじょう	연하장
迎える むかえる	맞이하다	~中 ~ちゅう	~중에
準備 じゅんび	준비	ポストに出す postにだす	편지 등을 보내다
年末 ねんまつ	연말	家族総出 かぞくそうで	가족 총 출동
風習 ふうしゅう	풍습, 관습	切り捨てる きりすてる	잘라버리다
細い ほそい	가늘다	日付 ひづけ	날짜
過ごせる すごせる	지낼 수 있다 過ごす의 가능형	新年を祝う しんねんをいわう	새해를 축하하다
願い ねがい	기원	親 おや	부모
込められる こめられる	담겨있다 込める의 수동형	親戚 しんせき	친척
切れる きれる	끊어지다	楽しみ たのしみ	즐거움 楽しむ의 명사형
(お)正月 (お)しょうがつ	설날, 정월초하루	お雑煮 おぞうに	일본식 떡국

단어	뜻	단어	뜻
大掃除 おおそうじ	연말 대청소	おせち料理 おせちりょうり	설 음식
門松 かどまつ	정월 장식	お年玉 おとしだま	설에 받는 용돈
鏡餅 かがみもち	떡 장식		
大晦日 おおみそか	섣달그믐, 12월 31일		
年越しそば としこしそば	연말에 먹는 소바		

문형

① ~に比べ • そばは他のめんに比べ切れやすいです。(비교)

② ~しやすい • そばは他のめんに比べ切れやすいです。(~하기 쉽다, 편하다)

③ ~合う • 「あけましておめでとう」と言い合います。(서로 ~하다)

④ ~にとって • お年玉は子供にとって欠かせない楽しみの一つです。(판단의 기준, ~경우)

회화문 어휘

おかしい	이상하다	入れる いれる	속[안]에 집어넣다
祝う いわう	축하하다	渡す わたす	건네주다
迎える むかえる	맞이하다	(お)餅 (お)もち	떡
別 べつ	따로, 별도	スープ	스프, 국물
ちょっとしたこと	대수롭지 않은 일	点 てん	점
封筒 ふうとう	봉투	かなり	상당히, 꽤

대화 내용 확인

【1】내용과 맞는 것에 ○(まる) 아니면 ×(ばつ)를 쓰세요.

1) [ ]일본에서는 연말과 연시의 인사가 다르다.

2) [ ]'よいお年を'는 연말에 쓰면 이상하다.

3) [ ]일본에서는 세뱃돈을 봉투에 넣지 않는다.

【2】다음 질문에 답하세요.

「떡국」と「お雑煮」の共通点は何ですか。

→ ____________________

듣고 써 봅시다

明守：先生、「あけましておめでとうございます」というあいさつは
　　　年末に使うと(1.　　　　　　　　　　)。
先生：はい。新年になったことを(2.　　　　　　)あいさつですから。
明守：韓国語の「새해 복 많이 받으세요」は年末でも使えるので同じかと思いました。
　　　では年末にはどんなあいさつをしますか。
先生：「よいお年を(3.　　　　　　　　　　　　)」といいます。
　　　短く「よいお年を」と言ってもいいです。
明守：年末と年始のあいさつが(4.　　　　　　)なんですね。他にはどんな違いがありますか。
先生：(4.　　　　　　　　　　　)ですが、お年玉は「ポチ袋」という小さな封筒に入れて渡すこと。
　　　それに食べる物も違いますね。
明守：韓国では「떡국」を食べます。
先生：日本では「お雑煮」を食べます。餅の入ったスープという(6.　　　　　　)では韓国と同じです。
　　　でも、お餅の形やスープの味はかなり違います。

회화 번역

<강의를 듣고 쓰세요.>

明守：

先生：

明守：

先生：

明守：

先生：

明守：

先生：

1, 2강 내용 확인

① 日本で大晦日の夜に食べるものは何ですか。それはどんな意味がありますか。

일본에서 섣달 그믐밤에 먹는 것은 무엇인가요? 그것은 어떤 의미가 있나요?

② お正月に食べる日本料理は何ですか。

설날 먹는 일본요리는 무엇인가요?

③ お正月の時、親や親戚からもらうお金を何といいますか。

설날, 부모나 친척에게 받는 돈을 뭐라고 하나요?

④ 日本の年末と年始のあいさつはなんですか。

일본에서 연말 연시 인사는 무엇입니까?

⑤ 日本ではお年玉をどのように渡しますか。

일본에서는 새해 첫 용돈(세뱃돈)을 어떻게 건네주나요?

Exercise 01 | 어휘 빈칸 채우기

	어휘(한자)	한자읽기(히라가나)	한국어 의미
①	年中行事		
②	お正月		
③	1月1日		
④	風習		
⑤	新年を祝う		
⑥	日付		
⑦	親		
⑧	切れやすい		
⑨	願い		
⑩	迎える		
⑪	年末・年始		
⑫	別		
⑬	お金		
⑭	食べ物		
⑮	封筒に入れる		
⑯	渡す		
⑰	ー	もらう	
⑱	印象深い		
⑲	ー	おかしい	
⑳	ー	かなり	

Exercise 02 | 일본어로 바꾸기

① 소바는 다른 면에 비해 끊기 쉽습니다.

② 섣달 그믐날 밤에는 '도시코시소바'를 먹는 풍습(風習)이 있습니다

③ 떡의 모양과 국물 맛은 상당히 다릅니다.

Exercise 03 | 한국어로 바꾸기

① 「年越しそば」は細く長く過ごせるようにとの願いが込められています。

② 親からもらうお年玉は子供にとって欠かせない楽しみです。

③ お年玉は小さな封筒に入れて渡すのが一般的です。

Work book

일본의 명절 중 하나를 골라 조사하기 (お正月 제외)

일본어로 배우는 일본의 사회와 문화 (6과) 학번: 이름:

사진	연중행사명	시기	대상

특징 설명	

7과

일본의 주거문화, 가서 보면 늦어요!

日本の住居文化、行ってみた後では遅いです！

| 학습목표 |

- 일본의 **주거문화**에 대하여 이해할 수 있다.
- 일본의 **주거문화**와 관련된 단어와 표현을 사용할 수 있다.
- 일본의 **주거문화**에 대하여 조사하고 활용할 수 있다.

칼럼

日本の住宅は木造一戸建てが半数を超えます。しかし、都会を中心にアパートやマンションなどの集合住宅が増えてきました。生活スタイルが変わり、和室のない家も増えています。それにも関わらず、今でも部屋の広さを表す時に畳の数を基準にすることがよくあります。

間取りを比べてみると、韓国はリビングが中心にありそれぞれの部屋とつながっている構造が多いです。一方、日本は廊下に出ないと他の部屋に移動できない構造です。このことは両国の文化との関連が考えられます。

また、日本人はお風呂に入ることを大切にしており、浴室が独立した空間になっています。浴室の前には洗面所があり、そこで手や顔を洗ったり、着替えをしたりします。

日本の家は「온돌」のような家全体を暖める暖房は一般ではありません。ある調査によると、なんと冬期の家の気温は世界で一番低いそうです。

日本の住宅の特徴について調べてみましょう。

칼럼 번역

<강의를 듣고 쓰세요.>

칼럼 어휘

일본어	뜻	일본어	뜻
住宅 じゅうたく	주택	マンション mansion	맨션, 아파트
木造一戸建て もくぞういっこだて	목조 단독주택	集合住宅 しゅうごうじゅうたく	공동주택
半数 はんすう	반수(전체의 반)	増える ふえる	늘다
超える こえる	넘다	生活スタイル せいかつ style	생활 양식
都会 とかい	도시	和室 わしつ	일본식방
アパート apartment	아파트 목조 공동주택	部屋 へや	방
広さ ひろさ	넓이 広い의 명사형	構造 こうぞう	구조
畳 たたみ	다다미	廊下に出る ろうかにでる	복도에 나오다
数 かず	수, 갯수	関連 かんれん	관련
基準 きじゅん	기준	風呂に入る ふろにはいる	목욕을 하다
間取り まどり	방의 배치	浴室 よくしつ	욕실
リビング living room	거실, 리빙룸	独立する どくりつする	독립하다/되다
空間 くうかん	공간	冬期 とうき	동계, 겨울철
洗面所 せんめんじょ	세면장	気温 きおん	기온, 온도

着替えをする きがえをする	옷을 갈아입다	低い ひくい	낮다
暖房 だんぼう	난방		
調査 ちょうさ	조사		
なんと	놀랍게도		

문형

① ~てくる • 集合住宅が増えてきました。(변화 과정)

② ~にも関わらず • それにも関わらず、今でもよくあります。(예측한 것에 반함)

③ ~さ • 部屋の広さを表す。(형용사의 명사형)

④ ~ておる • 日本人はお風呂に入ることを大切にしており。

⑤ ~そうだ • ある調査によると、冬期の家の気温は世界で一番低いそうです。(전문)

회화문 어휘

交換留学 こうかんりゅうがく	교환유학	台所 だいどころ	부엌, キッチン
通う かよう	다니다	３人部屋 さんにんべや	3인실
悩む なやむ	고민하다	申し込み もうしこみ	신청
~先 ~さき	~처(장소)	朝晩 あさばん	아침저녁
寮 りょう	기숙사	楽だ らくだ	편하다
そば	옆, 주변	一人暮らし ひとりぐらし	혼자 살기, 자취
憧れる あこがれる	동경하다	手続き てつづき	수속
探す さがす	찾다, 구하다	大変だ たいへんだ	힘들다
借りる かりる	빌리다	心強い こころづよい	마음이 든든하다

대화 내용 확인

【1】내용과 맞는 것에 ○(まる) 아니면 ×(ばつ)를 쓰세요.

1) [　]知恵는 京都에 있는 대학교에 교환학생으로 간다.

2) [　]기숙사는 학교에서 가까운 위치에 있다.

3) [　]룸메이트가 있는 편이 좋은 점도 있다.

【2】다음 질문에 답하세요.

学生が留学先の大学の寮に住むことを悩む理由は何ですか。

→ ______________________________

듣고 써 봅시다

知恵：先生、来年交換留学生として1年間東京の大学に(1.　　　　)ことが決まりました。

先生：よかったですね。おめでとうございます。

知恵：今は住む場所のことで少し(2.　　　　　　　)。

先生：留学先の大学に寮はないんですか。

知恵：大学のすぐそばにあります。

でも、(3.　　　　　　　)がなく、しかも3人部屋なんです。

先生：食堂はないんですか。

知恵：あります。(4.　　　　　　　)をすると、そこで朝晩食事ができます。

先生：それは自分で作るより楽じゃないですか。

知恵：そうなんですけど。。。

でも、東京での一人暮らしに(5.　　　　　　　)んです。

先生：一人暮らしもいいですが部屋を探して、借りる手続きは大変ですよ。

それに最初はルームメイトがいたほうが(6.　　　　　　　)と思います。

회화 번역

<강의를 듣고 쓰세요.>

知恵：

先生：

知恵：

先生：

知恵：

先生：

知恵：

先生：

知恵：

先生：

1, 2강 내용 확인

① **集合住宅にはどんなものがありますか。**

공동주택에는 어떤 것이 있나요?

② **なぜ集合住宅が増えていますか。**

왜 공동주택이 늘고 있나요?

③ **日本の家は浴室が独立した空間になっている理由は何ですか。**

일본의 집은 욕실이 별도라는데, 이유가 있나요?

④ **台所の代わりに食堂があるメリットは何ですか。**

부엌 대신에 식당이 있는 장점은 무엇인가요?

⑤ **先生が一人暮らしより寮に住むことをすすめる理由は何ですか。**

선생님이 혼자 사는 것보다 기숙사에 사는 것을 권하는 이유는 무엇인가요?

Exercise 01 | 어휘 빈칸 채우기

	어휘(한자)	한자읽기(히라가나)	한국어 의미
①	住宅		
②	一戸建て		
③	都会		
④	和室		
⑤	間取り		
⑥	広さ		
⑦	部屋		
⑧	暖房		
⑨	顔を洗う		
⑩	増える		
⑪	交換留学生		
⑫	留学先		
⑬	朝晩		
⑭	申し込み		
⑮	一人暮らし		
⑯	手続き		
⑰	部屋を探す		
⑱	憧れる		
⑲	大変だ		
⑳	心強い		

Exercise02 | 일본어로 바꾸기

① 도시(都会)를 중심으로 공동주택(集合住宅)이 늘고 있습니다.

② 방의 배치는 문화와 관련이 있습니다.

③ 신청을 하면, 기숙사(寮)에서 식사가 가능합니다.

Exercise 03 | 한국어로 바꾸기

① 日本の住宅は木造一戸建てが半数を超えます。

② 韓国はリビングが中心にありそれぞれの部屋とつながっている構造が多いです。

③ 日本の冬期の家の気温は世界で一番低いです。

④ 交換留学生として１年間東京の大学に通います。

Work book

일본 주택의 특징에 대해 조사하기

일본어로 배우는 일본의 사회와 문화 (7과)　　학번:　　　　　　　　이름:

		일본	한국(예)
구조	방 배치		거실을 중심으로 이어짐
	거실		집의 중심에 위치하고 있음
	욕실		일반적으로 목욕탕과 화장실이 함께 있음
	현관		현관에 들어서면 전체가 보임. 신을 벗고 들어감
난방			온돌, 바닥을 따뜻하게 함
주택의 종류			단독주택, 다세대주택, 아파트, 최근 고시원, 원룸 형식의 주거지가 증가하고 있음

8과

일본의 식사매너, 이것만은 주의해요!

日本の食事マナー、これだけは注意しましょう！

| 학습목표 |

- 일본의 **식사매너**에 대하여 이해할 수 있다.
- 일본의 **식사매너**와 관련된 단어와 표현을 사용할 수 있다.
- 일본의 **식사매너**에 대하여 조사하고 활용할 수 있다.

칼럼

食事に関してはその国独自のマナーがあるものです。

日本では食前と食後のあいさつを大切にしています。これは食べ物とそれに関わるすべての人への感謝を表すものでもあります。

そして、食事の時はほとんど箸だけを使います。そのため、箸の持ち方と使い方については小さい時から厳しくしつけられます。特に箸から箸へと食べ物を受け渡すことはやってはいけない代表的なマナーです。また、数人で食べる料理の場合は専用のお箸を使って小皿に取り分けます。テーブルに置く時は箸先を左側に向けて横にします。

ご飯や汁物などはこぼさないように手で持ち上げます。これは韓国と大きく異なる点と言えます。

共にテーブルを囲み、話し合いながら食事をすることはコミュニケーションを深める時間になります。お互いに気持ちよく食事をするためには、その国のマナーを知っておくことが大切です。日本と韓国の食事のマナーにはどんな違いがあるか調べてみましょう。

칼럼 번역

<강의를 듣고 쓰세요.>

칼럼 어휘

일본어	한국어	일본어	한국어
食事 しょくじ	식사	持ち方 もちかた	잡는 법
独自 どくじ	독자적	厳しく きびしく	엄하다 厳しい의 부사형
マナー manner	매너	しつけられる	교육받다 しつける의 수동형
食前・食後 しょくぜん・しょくご	식전・식후	受け渡す うけわたす	건네주다
感謝を表す かんしゃをあらわす	감사를 나타내다	代表的 だいひょうてき	대표적
(お)箸 (お)はし	젓가락	数人 すうにん	몇 명
料理 りょうり	요리	向ける むける	향하다
専用 せんよう	전용	横にする よこにする	가로로 놓다
小皿 こざら	작은 접시	ご飯 ごはん	밥
取り分ける とりわける	나누다	汁物 しるもの	국, 국물 음식
箸先 はしさき	젓가락 끝	こぼす	흘리다
左側 ひだりがわ	왼쪽	持ち上げる もちあげる	들어올리다
異なる ことなる	다르다	話し合う はなしあう	서로 이야기하다

共に ともに	함께	お互い おたがい	서로
テーブルを囲む tableをかこむ	식탁에 둘러앉다	気持ちよく きもちよく	기분 좋게

문형

①~に関しては　• 食事に関してはその国独自のマナーがあるものです。(~에 관해서는)

②~に関わる　• 食べ物とそれに関わるすべての人への感謝を表す。(~에 관련된)

③~でもあります　• すべての人への感謝を表すものでもあります。(강조, ~이기도 하다)

④~てはいけない　• 食べ物を受け渡すことはやってはいけない。(불허, 금지)

⑤~ながら　• 話し合いながら食事をする。(동시)

회화문 어휘

일본어	뜻	일본어	뜻
ビール beer	맥주	横に向ける よこにむける	옆으로 돌리다
乾杯 かんぱい	건배	とまどう	당황하다, 어리둥절해 하다
驚く おどろく	놀라다	注ぐ つぐ	따르다
目上の人 めうえのひと	손윗사람, 연장자	受ける うける	받다
口元 くちもと	입가	支払い しはらい	지불
隠す かくす	감추다, 숨기다	割り勘 わりかん	더치페이

대화 내용 확인

【1】내용과 맞는 것에 ○(まる) 아니면 ×(ばつ)를 쓰세요.

1) [ ]일본에서는 보통 건배를 한번만 한다.

2) [ ]일본에서는 윗사람 앞에서 술을 마실 때는 입가를 가리지 않는다.

3) [ ]술값은 明守가 냈다.

【2】다음 질문에 답하세요.

お酒のマナーのうち、日本と韓国の共通点は何ですか。

→ ______________________________

듣고 써 봅시다

明守：先生、この前たけし君と(1.　　　　　　)を飲みました。
先生：あ、交換留学生の？
明守：そうです。その時お酒のマナーの違いについていろいろ話しました。
先生：例えばどんなことですか。
明守：まずは乾杯についてです。
韓国では何度も乾杯するので(2.　　　　　　)と言っていました。
先生：なるほど。
明守：それに、韓国では(3.　　　　　　)の前で飲む時は口元を隠したり、
顔を横に向けたりしますがそれにも(4.　　　　　　)そうです。
先生：私も最初はその理由がわからず、どこを向いて飲めばいいのか迷ってしまいました。
明守：あ~。でも、両手でお酒を(5.　　　　　　)、受けたりするのは同じですね。
先生：そうですね。それで、(6.　　　　　　)はどうしましたか。割り勘ですか。
明守：実は…飲みすぎて覚えていないんです。

회화 번역

<강의를 듣고 쓰세요.>
明守：
先生：
明守：
先生：
明守：

先生：
明守：

先生：
明守：
先生：
明守：

1, 2강 내용 확인

① 日本で食前と食後大切にしていることは何ですか。

일본에서 식전과 식후 중요시하는 것은 무엇인가요?

② 日本の食前と食後のあいさつは何ですか。

일본의 식전과 식후의 인사는 무엇입니까?

③ 箸をテーブルに置く時はどうしますか。

젓가락을 테이블에 놓을 때는 어떻게 합니까?

④ ご飯や汁物などはどうやって食べますか。

밥이나 국물 음식 등은 어떻게 먹나요?

⑤ 韓国と日本の乾杯の方法に違いがありますか。

한국과 일본의 건배 방식에 차이가 있나요?

⑥ 韓国では目上の人の前で飲むときはどのようにしますか。

한국의 경우, 윗사람 앞에서 술을 마실 때 어떻게 하나요?

Exercise 01 | 어휘 빈칸 채우기

	어휘(한자)	한자읽기(히라가나)	한국어 의미
①	食事をする		
②	食後		
③	持ち方		
④	使い方		
⑤	食べ物		
⑥	代表的		
⑦	気持ちよく		
⑧	持ち上げる		
⑨	話し合う		
⑩	ー	マナー	
⑪	始まり		
⑫	支払い		
⑬	口元		
⑭	両手		
⑮	割り勘		
⑯	乾杯		
⑰	飲みすぎる		
⑱	覚える		
⑲	一度		
⑳	この前		

Exercise 02 | 일본어로 바꾸기

① 일본에서는 식전과 식후에 인사를 중요시합니다.

② 그 나라의 식사매너를 알아두는 것이 중요합니다.

③ 일본에서 건배(乾杯)는 시작할 때 한번 밖에 안 한다고 합니다.

Exercise 03 | 한국어로 바꾸기

① 日本では食前と食後にあいさつを大切にしています。

② 数人で食べる料理の場合は専用のお箸を使って小皿に取り分けます。

③ ご飯や汁物などはこぼさないように手で持ち上げます。

④ 支払いはどうしましたか。割り勘ですか。

Exercise 04

일본의 식사매너를 정리해 봅시다

	일본	한국
젓가락	밥, 국, 반찬 젓가락을 사용	반찬을 집어 먹는데 사용
숫가락	기본적으로 사용하지 않음	밥이나 국을 먹는데 사용
젓가락 놓는 법	왼쪽을 향해 옆으로 놓는다	맞은편을 향해 놓는다 (최근 옆으로 놓기도 함)
1인용 접시 사용	각자 앞접시(とりざら)에 덜어 먹는다	최근 늘고 있으나, 함께 먹는 경우가 많음
공용 젓가락	별도로 사용. 자신의 젓가락을 사용하지 않는다	대부분 자신의 젓가락을 사용함
밥,국 먹는법	손에 들고 젓가락으로 먹는다	그릇을 상위에 놓고 숟가락을 사용하여 떠 먹음
차 마시는 경우	두 손으로 마신다	대부분 한 손 사용

※ 8과는 Work book이 없습니다.

9과

일본인의 결혼, 이렇게 다릅니다!

日本人の結婚、こんなに違います！

| 학습목표 |

- 일본의 **결혼**에 대하여 이해할 수 있다.
- 일본의 **결혼**과 관련된 단어와 표현을 사용할 수 있다.
- 일본의 **결혼**에 대하여 조사하고 활용할 수 있다.

칼럼

人生の中で大きな分岐点となる結婚。みなさんは結婚についてどのように考えていますか。

日本の婚姻件数は2011年以降低下を続けています。2019年は7年ぶりに増加していますが、これは「令和婚」ブームの影響と見られています。平均初婚年齢は高くなり、男女ともに晩婚化が進行しています。統計を開始した1955年と比較すると、2018年時点で男性は4.5歳、女性は5.6歳高くなり、それぞれ31.1歳、29.4歳になっています。男女の初婚年齢の差が縮まっていることがわかります。

未婚者(25~34歳)に独身でいる理由を尋ねると、男女ともに「適当な相手にめぐり会わない」「まだ必要性を感じない」「結婚資金が足りない」との回答が多くありました。他に女性は「自由さや気楽さを失いたくない」「仕事(学業)にうちこみたい」との回答がありました。

婚姻数の低下は日本社会の様々な問題との関係が考えられます。その要因について調べてみましょう。また、韓国の結婚事情とも比べてみましょう。

칼럼 번역

<강의를 듣고 쓰세요.>

칼럼 어휘

일본어	뜻	일본어	뜻
人生 じんせい	인생	続ける つづける	계속하다
分岐点 ぶんきてん	분기점	令和婚ブーム れいわこんboom	레이와 결혼 붐
結婚 けっこん	결혼	平均 へいきん	평균
婚姻件数 こんいんけんすう	혼인건수	初婚年齢 しょこんねんれい	초혼연령
以降 いこう	이후	男女 だんじょ	남녀
低下 ていか	저하	晩婚化 ばんこんか	만혼화
進行する しんこうする	진행하다	差 さ	차이
統計 とうけい	통계	縮まる ちぢまる	줄어들다
開始する かいしする	개시하다	未婚者 みこんしゃ	미혼자
比較する ひかくする	비교하다	独身 どくしん	독신
時点 じてん	시점	尋ねる たずねる	묻다
男性・女性 だんせい・じょせい	남성・여성	適当だ てきとうだ	적당하다
めぐり会える めぐりあえる	만날 수 있다 めぐり会う의 가능형	自由さ じゆうさ	자유로움

必要性 ひつようせい	필요성	気楽さ きらくさ	편안함
感じる かんじる	느끼다	失う うしなう	잃다
資金 しきん	자금	仕事 しごと	일
足りない たりない	부족하다	学業 がくぎょう	학업
回答 かいとう	회답	打ち込む うちこむ	열중하다

문형

① ~ぶり
- 2019年は7年ぶりに増加しています。(~만에)

② ~婚
- これは「令和婚」ブームの影響と見られています。(~결혼)

③ ~がわかる
- 初婚年齢の差が縮まっていることがわかります。(~을 알다)

④ ~との
- 「適当な相手にめぐり会わない」との回答がありました。(인용)

회화문 어휘

招待 しょうたい	초대	お祝い おいわい	축의금, 축하
せっかく	모처럼	相場 そうば	시세
機会 きかい	기회	新郎新婦 しんろうしんぷ	신랑신부
スーツ suits	양복, 정장	披露宴 ひろうえん	피로연
フォーマル formal	격식을 차린	演出 えんしゅつ	연출
選ぶ えらぶ	고르다	引き出物 ひきでもの	답례품

대화 내용 확인

【1】내용과 맞는 것에 ○(まる) 아니면 ×(ばつ)를 쓰세요.

1) [ ]초대 받은 결혼식의 장소는 신사다.

2) [ ]호텔에서의 결혼식은 친구도 흰색드레스를 입어야 한다.

3) [ ]모든 참가자가 축의금은 3만엔정도 준비한다.

【2】다음 질문에 답하세요.

結婚式の後には何がありますか。

→ ______________________________

듣고 써 봅시다

知恵： 先生、日本の結婚式に(1.　　　　　　　)されました。
(2.　　　　　　　)なので出席するつもりですが、わからないことが多くて…。
先生： 会場はどんなところですか。神社ですか。
知恵： いいえ、ホテルです。何を着ていけばいいでしょうか。
先生： ホテルでの結婚式なら女性はドレス、男性はスーツにネクタイが基本です。
知恵： かなり(3.　　　　　　　)な感じなんですね。
先生： はい。シンプルなものがいいですが、白は(4.　　　　　　　)ように注意してください。
知恵： それは韓国と同じですね。
では、(5.　　　　　　　)はいくらぐらいですか。
先生： 新郎新婦との関係が友人でしたら３万円くらいです。
知恵： え~、ずいぶん高いんですね。
先生： そうですね。でも、新郎新婦が結婚式はもちろん、その後の披露宴の料理や演出、それに(6.　　　　　　　)までたくさんの準備をしていると思いますよ。

회화 번역

<강의를 듣고 쓰세요.>
知恵：

先生：
知恵：
先生：
知恵：
先生：
知恵：

先生：
知恵：
先生：

1, 2강 내용 확인

① 2019年に日本の婚姻件数が増加した理由は何ですか。

2019년에 일본의 혼인건수가 증가한 이유는 무엇입니까?

② 日本の平均初婚年齢にはどのような傾向が見られますか。

일본의 평균 초혼연령을 보면 어떤 경향이 있습니까?

③ 未婚者(25~34歳)の独身でいる理由にはどんなものがありますか。

미혼자가 독신으로 있는 이유에는 어떤 것이 있습니까?

④ 日本のホテルの結婚式へはどんな服装で行かなければいけませんか。

일본의 호텔 결혼식에 갈 때 어떤 복장으로 가야 할까요?

⑤ 結婚式で避けた方がいい色は何ですか。

결혼식에 피해야 할 색이 있나요?

⑥ 日本の結婚式のお祝い(ご祝儀)の相場はいくらですか。

일본의 결혼식 축의금으로 얼마 정도가 일반적인가요?

Exercise 01 | 어휘 빈칸 채우기

	어휘(한자)	한자읽기(히라가나)	한국어 의미
①	結婚		
②	結婚式		
③	低下		
④	増加する		
⑤	未婚者		
⑥	足りない		
⑦	男性		
⑧	女性		
⑨	独身		
⑩	男女		
⑪	相手		
⑫	必要性		
⑬	自由さ		
⑭	気楽さ		
⑮	会場		
⑯	友人		
⑰	ー	ブーム	
⑱	ー	ホテル	
⑲	ー	ドレス	
⑳	ー	ネクタイ	

Exercise 02 | 일본어로 바꾸기

① 여러분은 결혼(結婚)에 대해 어떻게 생각하고 있나요?

② 호텔 결혼식이라면 여성은 드레스가 기본입니다.

③ 한국의 결혼식과는 상당히 차이가 있을 것 같아요.

Exercise 03 | 한국어로 바꾸기

① 平均初婚年齢は高くなり、男女ともに晩婚化が進行しています。

② 未婚者に独身でいる 理由を尋ねると、男女ともに「適当な相手にめぐり会わない」「まだ必要性を感じない」との回答が多くありました。

③ 婚姻数の低下は日本社会のさまざまな問題とも関係があるようです。

* 9과는 Work book이 없습니다.

10과

일본의 친족호칭, 문화가 보이네요!

日本の親族呼称、文化が見えますね！

| 학습목표 |

- 일본의 **가족호칭**에 대하여 이해할 수 있다.
- 일본의 **가족호칭**과 관련된 단어와 표현을 사용할 수 있다.
- 일본의 **가족호칭**에 대하여 조사하고 활용할 수 있다.

칼럼

同じ対象を表す言葉でも外国語と比べてみると世界観の違いがあることに気づきます。日本と韓国の親族の呼称を比べ、それぞれの特徴を考えてみましょう。

韓国語の場合、男性が基準になっていると言えます。例えば、父方を「친가(親家)」と呼ぶのに対し、母方を「외가(外家)」と呼びます。さらに母方の親族には呼称の前にも「외할아버지」、「외삼촌」のように「외(外)」を付けて区別します。また、日本では「おじ」と「おば」で解決できる両親の兄弟、姉妹に関する呼称は韓国ではかなり細かく分けられています。この呼称も父方により親密さが感じられるものになっています。

一方、日本語の場合は「うち」と「そと」の区別がより厳密です。家の中では「お父さん」や「お母さん」と呼んでも、他の人の前では「父」や「母」と言います。これは自分の身内に「お」や「さん」を付けるのは相手に失礼になるからです。反対に他人の家族について話す場合は必ず付けなければなりません。

このような違いが見られる日本語と韓国語の呼称についてもっと詳しく調べてみましょう。

칼럼 번역

<강의를 듣고 쓰세요.>

칼럼 어휘

外国語 がいこくご	외국어	父方 ちちかた	아버지쪽
世界観 せかいかん	세계관	母方 ははかた	어머니쪽
気づく きづく	깨닫다, 눈치 채다	付ける つける	붙이다
親族 しんぞく	친족	おじ・おば	아줌마/아저씨 이모,고모/삼촌 등
呼称 こしょう	호칭	解決できる かいけつできる	해결되다
男性 だんせい	남성	両親 りょうしん	양친
兄弟 きょうだい	형제	内 うち	안
姉妹 しまい	자매	外 そと	바깥
細かく こまかく	세밀하다, 細かい의 부사형	厳密だ げんみつだ	엄밀하다
分けられる わけられる	나뉜다, 分ける의 수동형	お父さん・父 おとうさん・ちち	아버지
親密さ しんみつさ	친밀함	お母さん・母 おかあさん・はは	어머니
一方 いっぽう	한편	自分 じぶん	자신
身内 みうち	가족, 집안	家族 かぞく	가족
失礼になる しつれいになる	실례가 되다	必ず かならず	반드시
他人・他の人 たにん・ほかのひと	타인	もっと	더, 더욱

문형

① ~に気づく	• 世界観の違いがあることに気づきます。(~을 깨닫다)
② より~	• 「うち」と「そと」の区別がより厳密です。(한층, 기준보다 강함)
③ ~から	• 相手に失礼になるからです。(원인, 이유)
④ ~なければならない	• 必ず「さん」を付けなければなりません。(이중 부정)

회화문 어휘

離れる はなれる	떨어지다	年齢 ねんれい	연령, 나이
親しい したしい	친하다, 사이가 좋다	差 さ	차, 차이
仲 なか	사이	母親世代 ははおやせだい	어머니세대
(お)互い (お)たがい	서로	他人 たにん	타인, 남
呼び合う よびあう	서로 부르다	心理的 しんりてき	심리적
付き合い つきあい	교제, 교류	距離 きょり	거리

대화 내용 확인

【1】내용과 맞는 것에 ○(まる) 아니면 ×(ばつ)를 쓰세요.

1) [ ]일본에서는 나이 차이 상관없이 오랜기간 친한 사람을 친구라고 부른다.

2) [ ]일본에서는 친한 사람에게 가족 같은 호칭을 사용한다.

3) [ ]일본에서는 어머니 세대의 종업원을 부르는 특별한 호칭이 있다.

【2】다음 질문에 답하세요.

家族の呼称を他人にも使うとどんな効果(효과)がありますか。

→ ______________________________

듣고 써 봅시다

明守：先生、日本では年が(1.　　　　　　　　　)「友達」と言えるんですね。

先生：そうです。

日本では長く(2.　　　　　　　)の人を「友達」と言います。

だから10歳くらい離れていても(3.　　　　　　)を「友達」と呼び合うことがあります。

明守：韓国では付き合いの長さより(4.　　　　　　)がもっと重要です。

先生：じゃあ、1歳でも年の差があると友達とは言いませんか。

明守：はい。年上の人に対しては「お兄さん・お姉さん」と家族のような呼称を使います。

逆に私より「年下です」の意味で「동생です」と言ったりもします。

先生：家族の呼称をたくさん使うんですね。

明守：居酒屋などで(5.　　　　　　　　)の店員さんには「이모」と呼びかけることもあります。

日本でもそうですか。

先生：いえ、ただ「すみません」という表現しかありません。

家族の呼称を他人にも使うことで(6.　　　　　　　　　)が近づく感じがしますね。

회화 번역

<강의를 듣고 쓰세요.>

明守：

先生：

明守：

先生：

明守：

先生：

明守：

先生：

1, 2강 내용 확인

① 韓国語の親族呼称の特徴はどんなことですか。

한국어의 친족호칭의 특징은 무엇입니까?

② 日本語の親族呼称の特徴はどんなことですか。

일본어의 친족호칭의 특징은 무엇입니까?

③ 日本での友達とは？

일본에서 친구란?

④ 韓国語での「友達」は付き合いの長さより何が重要ですか。

한국어의 '친구'는 오래 알고 지낸 것보다 무엇이 중요합니까?

⑤ 家族の呼称を他人にも使うとどんな効果がありますか。

가족 호칭을 타인에게도 사용함으로써 어떤 효과가 있습니까?

Exercise 01 | 어휘 빈칸 채우기

	어휘(한자)	한자읽기(히라가나)	한국어 의미
①	親族呼称		
②	父方		
③	母方		
④	自分		
⑤	身内		
⑥	親密さ		
⑦	付ける		
⑧	呼ぶ		
⑨	必ず		
⑩	―	もっと	
⑪	年		
⑫	友達		
⑬	年齢		
⑭	年上		
⑮	年下		
⑯	店員		
⑰	距離		
⑱	離れる		
⑲	近づく		
⑳	親しい		

Exercise 02 | 일본어로 바꾸기

① 한국은 어머니쪽을 '외가(外家)' 라 부릅니다.

② 한국은 부모(両親)의 형제(兄弟)에 관한 호칭이 세밀하게 나뉘어져 있습니다.

③ 다른 사람 앞에서 자신의 가족(身内)에게 'さん'을 붙이지 않습니다.

Exercise 03 | 한국어로 바꾸기

① 父方を「친가」と呼ぶのに対し、母方を「외가」と呼びます。

② 日本語の場合は「うち」と「そと」の区別がより厳密です。

③ 自分の身内に「お」や「さん」を付けるのは相手に失礼になります。

④ 10歳くらい離れていてもお互いを「友達」と呼び合うことがあります。

Work book

한국과 일본의 친족호칭 비교하기.

일본어로 배우는 일본의 사회와 문화 (10과)　　학번:　　　　　　　이름:

한국	설명	일본	설명
형	나(남자)의 남자 윗형제	お兄さん	나(성별 관계 없음)의 남자 윗형제
오빠			
형수			
올케			
누나			
언니			
매형			
형부			

11과

일본의 대학, 어떤 학문이 인기일까요?

日本の大学、どんな学問が人気でしょうか？

| 학습목표 |

- 일본의 대학의 **학문분야**에 대하여 이해할 수 있다.
- 일본의 대학의 **학문분야**와 관련된 단어와 표현을 사용할 수 있다.
- 일본의 대학의 **학문분야**에 대하여 조사하고 활용할 수 있다.

칼럼

「793」は何を表す数字でしょうか。これは2023年現在日本にある大学の数です。そのうち、私立大学が全体の約８割を占めます。私立大学の数はこの 70年近く増加傾向にあります。

日本の大学の進学率は58%(2023年)で年々上昇しています。そのうち、特に女性の増加が目立ちます。

次に日本の大学で学べる学問分野について見てみましょう。<表>は日本の大学のすべての学科を71の学問分野に分類し、多い順から 10位までを表したものです。最も多いのは「経営学・経営情報学・商学・会計学」で、次は「社会学・観光学・メディア学」です。理系分野では今や生活にかかせないコンピュータ、ネットワークに関連する技術を学ぶ「情報工学」の他、「医療・保健学」などが上位に入っています。大学の学問分野はその国や社会の要求を反映します。

もし、日本の大学に行くとしたらどんな授業を受けてみたいですか。関心のある大学のホームページを訪問し、どんな授業があるか調べてみましょう。

일본의 학문분야 10위(학과수)

순위	학문분야	학과수
1	経営学・経営情報学・商学・会計学	484
2	社会学・観光学・メディア学	343
3	医療・保健学	336
4	語学	329
5	国際関係学・国際文化学	323
6	情報工学	295
7	看護学	290
8	小学校・幼稚園課程	269
9	経済学	266
10	心理学	252

旺文社HP

칼럼 번역

<강의를 듣고 쓰세요.>

칼럼 어휘

数字 すうじ	숫자	進学率 しんがくりつ	진학률
現在 げんざい	현재	目立つ めだつ	두드러진다
私立大学 しりつだいがく	사립대학	学問分野 がくもんぶんや	학문분야
~割を占める ~わりをしめる	~할을 차지하다	学科 がっか	학과
増加 ぞうか	증가	分類する ぶんるいする	분류하다
傾向 けいこう	경향	表す あらわす	나타내다
最も もっとも	가장	要求 ようきゅう	요구
理系・(文系) りけい・(ぶんけい)	이과・문과	反映する はんえいする	반영하다
コンピュータ computer	컴퓨터	授業を受ける じゅぎょうをうける	수업을 받다
ネットワーク network	네트워크	関心 かんしん	관심
技術 ぎじゅつ	기술	ホームページ homepage	홈페이지
上位に入る じょういにはいる	상위에 들다	訪問する ほうもんする	방문하다
経営学 けいえいがく	경영학	メディア学 media がく	미디어학

経営情報学 けいえいじょうほうがく	경영정보학	情報工学 じょうほうこうがく	정보공학
商学 しょうがく	상학(국제통상학)	医療・保健学 いりょう・ほけんがく	의료・보건학
会計学 かいけいがく	회계학		
社会学 しゃかいがく	사회학		
観光学 かんこうがく	관광학		

문형

① ~増加傾向にある　・この70年近く<u>増加傾向にあります</u>。(경향이 이어짐)

② ~にかかせない　・生活<u>にかかせない</u>技術を学ぶ。(꼭 필요하다)

③ もし、~するとしたら　・<u>もし</u>、日本の大学に行く<u>としたら</u> (가정)

④ ~のある+名詞　・<u>関心のある</u>大学を訪問してみましょう。(수식절 안의 주격조사)

회화문 어휘

来学期 らいがっき	다음학기	不利 ふり	불리, 불이익
休学 きゅうがく	휴학	学費 がくひ	학비
資格 しかく	자격	払う はらう	지불하다
アルバイト (독일어) arbeit	아르바이트	兵役 へいえき	병역
遅れる おくれる	늦다,늦어지다	義務 ぎむ	의무
就職 しゅうしょく	취직,취업	平均 へいきん	평균

대화 내용 확인

【1】내용과 맞는 것에 ○(まる) 아니면 ×(ばつ)를 쓰세요.

1) [ ]知恵는 내년 한학기간 휴학할 예정이다.

2) [ ]일본에서는 휴학하는 사람이 많지 않다.

3) [ ]일본의 사립대학교는 휴학중에는 학비를 안내도 된다.

【2】다음 질문에 답하세요.

日本と韓国の大学生の何に差がありそうですか。

→ ______________________________

듣고 써 봅시다

知恵：先生、(1.　　　　　　　)から１年間休学しようと思っているんです。
先生：え？休学して何をするんですか。
知恵：資格を取るための勉強をしつつ(2.　　　　　　　)をする予定です。
　　　日本でも休学する人ってたくさんいますか。
先生：あまり多くありません。
知恵：へー。どうしてですか。
先生：卒業が遅れると(3.　　　　　　　)に不利になると言われていますし、
　　　それに学費の問題も考えられますね。
知恵：休学中も学費を(4.　　　　　　　)。
先生：私立大学は学費の一部を支払う場合が多いです。
知恵：日本は学費も高いのに大変ですね。留学のための休学はどうですか。
先生：大学生で１年以上の留学に行く人はかなり少ないです。
知恵：(5.　　　　　　)の義務もないし、
　　　日本と韓国の大学生の(6.　　　　　　)年齢は差がありそうですね。

회화 번역

<강의를 듣고 쓰세요.>

知恵：
先生：
知恵：

先生：
知恵：
先生：

知恵：
先生：
知恵：
先生：
知恵：

1, 2강 내용 확인

① 日本に大学はだいたいいくつあるでしょうか。

일본의 대학수는 몇 개 정도인가요?

② 日本の進学率の傾向は？

일본의 대학 진학율은 어떤가요?

③ 日本の大学で最も多い学問分野は何ですか。

일본 대학에서 가장 많은 학문분야는 무엇인가요?

④ 理系の中で上位１０位に入っている学問分野は何ですか。

이과 중에서 상위 10위에 들어가는 학문분야는 무엇인가요?

⑤ 日本で休学する大学生が多くない理由は何ですか。

일본학생들이 휴학을 하지 않는 가장 큰 이유는 무엇인가요?

⑥ 日本で留学する大学生は多いですか。

일본에서 유학하는 대학생은 많나요?

Exercise 01 어휘 빈칸 채우기

	어휘(한자)	한자읽기(히라가나)	한국어 의미
①	大学		
②	大学生		
③	８割		
④	占める		
⑤	上昇する		
⑥	分野		
⑦	理系		
⑧	技術		
⑨	上位		
⑩	社会		
⑪	要求		
⑫	休学		
⑬	資格		
⑭	学費		
⑮	支払う		
⑯	留学		
⑰	一部		
⑱	義務		
⑲	ー	ネットワーク	
⑳	ー	ホームページ	

Exercise 02 | 일본어로 바꾸기

① 793는 2023년 현재 일본에 있는 대학 수(数)입니다

② 관심이 있는 대학의 홈페이지를 방문하여 어떤 수업이 있는지 조사해봅시다

③ 다음 학기부터 1년간 휴학하려고 생각하고 있습니다

Exercise 03 | 한국어로 바꾸기

① 日本の大学の進学率は年々上昇していますが、特に女性の増加が目立ちます。

② 理系分野では今や生活にかかせないコンピュータ、ネットワークに関連する技術を学ぶ「情報工学」などが上位に入っています。

③ もし、日本の大学に行くとしたらどんな授業を受けてみたいですか。

④ 資格を取るための勉強をしつつアルバイトをする予定です。

Work book

일본 대학 홈페이지에서 다음 정보 및 수강하고 싶은 과목 정리하기

일본어로 배우는 일본의 사회와 문화 (11과)　학번:　　　이름:

대학명	
학부	
전공	
과목명 5개 이상 (번역)	예)メディアーきのう 今日 明日ー(미디어-어제 오늘 내일-)
대학주소	
대학홈피주소	

12과

일본대학생의 취업활동, 무엇이 중요할까요?

日本の大学生の就職活動、何が重要ですか？

| 학습목표 |

- 일본 대학생의 **취업활동**에 대하여 이해할 수 있다.
- 일본 대학생의 **취업활동**과 관련된 단어와 표현을 사용할 수 있다.
- 일본 대학생의 **취업활동**에 대하여 조사하고 활용할 수 있다.

칼럼

望む就職をするための努力は日本の大学生も怠りません。日本の大学生の就職活動(＝就活)の一般的な流れは次の通りです。

まずは自己分析と企業分析から始めます。３年生の半ばごろにはインターンシップを経験し、それと同時にOB・OG訪問を行います。その後、企業説明会に参加したり、履歴書やエントリーシートを書いたりします。採用試験が始まるのは３年生の後半から４年生の前半にかけてです。この時期にはリクルートスーツを着て面接を受けに行く学生たちの姿を見かけるようになります。６月ごろには内定者が出そろい学生の就活は終わりを迎えます。この時期を逃すと新卒採用枠での就職は難しくなります。就職が決まった学生は残りの大学生活で卒業論文を書き、翌年３月に卒業します。そして、４月には一斉に入社式が行われて晴れて社会人になります。

このようにほぼそろったスケジュールで就活が行われる点は韓国とはずいぶん違いますね。みなさんにはどちらのスタイルが合っているでしょうか。日本の就職活動について調べてみましょう。

칼럼 번역

<강의를 듣고 쓰세요.>

칼럼 어휘

望む のぞむ	바라다	企業分析 きぎょうぶんせき	기업분석
努力 どりょく	노력	半ば なかば	반
怠る おこたる	소홀히 하다	インターンシップ internship	인턴쉽
就職活動・就活 しゅうしょくかつどう・しゅうかつ	취업활동・취활	経験する けいけんする	경험하다
流れ ながれ	흐름	OB・OG訪問 old Boy・old Girl ほうもん	선배 동문 방문 일본제 영어
自己分析 じこぶんせき	자기분석	企業説明会 きぎょうせつめいかい	기업설명회
参加する さんかする	참가하다	面接を受ける めんせつをうける	면접을 보다
履歴書 りれきしょ	이력서	姿を見かける すがたをみかける	모습을 발견하다
エントリーシート entry sheet	입사 지원서(ES) (일본식 영어)	内定者 ないていしゃ	내정자
採用試験 さいようしけん	채용시험	出そろう でそろう	모두 나오다
後半・前半 こうはん・ぜんはん	후반.전반	終わり おわり	끝 終わる의 명사형
リクルートスーツ recruit suits	취업활동용 정장 일본제 영어	時期 じき	시기

逃す のがす	놓치다	一斉に いっせいに	일제히
新卒 しんしつ	신졸(막 대학을 졸업한 사람)	晴れて はれて	정식으로
採用枠 さいようわく	채용 부문	社会人 しゃかいじん	사회인
決まる きまる	정해지다	ほぼ	거의
残り のこり	나머지 残る의 명사형	行われる おこなわれる	이루어지다 行う의 수동형
翌年 よくとし	이듬해	随分 ずいぶん	꽤, 상당히

문형

① リクルートスーツ(recruit suits)

• 일본제 영어, 「リクスー」「就活スーツ」

② OB・OG訪問 (オービー・オージー, Old Boy・Old Girl)

• 해당 학교의 졸업생이란 의미의 일본제 영어, 「先輩」「卒業生」

③ ~から~にかけて　• 3年生後半線 4年生の前半にかけてです。(~에서 ~에 걸쳐)

④ ~ようになる　• 学生たちの姿を見かけるようになります。(변화)

⑤ 晴れて　• 4月には晴れて社会人になります。(정식으로, 동사의 부사화)

회화문 어휘

重視 じゅうし	중시	下位 かい	하위
コミュニケーション communication	커뮤니케이션	人柄 ひとがら	인품, 인성
能力 のうりょく	능력	過程 かてい	과정
一位 いちい	1위, 일등	関わる かかわる	관계되다, 관계가 있다
語学力 ごがくりょく	어학 능력	参考 さんこう	참고, 참조
成績 せいせき	성적	報告 ほうこく	보고

대화 내용 확인

【1】내용과 맞는 것에 ○(まる) 아니면 ×(ばつ)를 쓰세요.

1) [ ]일본기업은 커뮤니케이션능력을 중요하게 생각한다.

2) [ ]일본에서의 취업활동은 면접준비가 중요하다.

3) [ ]일본에서 취직하기 위해서는 학교 성적이 좋아야 한다.

【2】다음 질문에 답하세요.

日本で就職するためには何から始めるのがいいですか。

→ ______________________________

듣고 써 봅시다

明守 : 先生、日本の企業に就職するにはどんなことが大切ですか。
先生 : 企業が重視することの(1.　　　　　　　　)では、常に「コミュニケーション能力」が一位に挙げられています。
逆に「語学力」や「学校の成績」は(2.　　　　　　)なんですよ。
明守 : へー！スペックより、(3.　　　　　　　　)が重視されるということですか。
先生 : 会社では仕事の過程で人と(4.　　　　　　　)ことが多いので、
コミュニケーション能力が大切なんです。
明守 : なるほど。
日本で就職したいと思っているんですが、何から始めたらいいでしょうか。
先生 : 日本では面接が重視されますから、
まずは自分と企業について知ることから始めるといいですよ。
明守 : 「自己分析」と「企業分析」ということですね。
先生 : そうです。
自己分析に関するサイトがたくさんあるので(5.　　　　　　)にしてみてください。
明守 : はい！がんばります。
先生 : いい(6.　　　　　　　　)待ってますよ。

회화 번역

<강의를 듣고 쓰세요.>

明守 :
先生 :

明守 :
先生 :

明守 :
先生 :

明守 :
先生 :
明守 :
先生 :

1, 2강 내용 확인

① 日本の大学生が就職活動のためにまずすることは何ですか。

일본의 대학생이 취업활동을 위해 우선 하는 것은 무엇입니까?

② 採用試験が始まるのは大学何年生ぐらいからですか。

채용시험이 시작되는 것은 몇 학년 때부터입니까?

③ 一般企業での面接を受ける時には何を着ますか。

일본기업의 면접을 볼 때는 무엇을 입나요?

④ 日本の企業に就職するにはどんなことが大切ですか。

일본 기업에 취직하기 위해서는 어떤 것이 중요한가요?

⑤ それはどうしてですか。

그 이유는 무엇입니까?

Exercise

Exercise 01 | 어휘 빈칸 채우기

	어휘(한자)	한자읽기(히라가나)	한국어 의미
①	流れ		
②	自己分析		
③	企業分析		
④	履歴書		
⑤	前半		
⑥	翌年		
⑦	ー	エントリーシート	
⑧	ー	インターンシップ	
⑨	面接を受ける		
⑩	怠る		
⑪	人柄		
⑫	成績		
⑬	仕事		
⑭	過程		
⑮	時期		
⑯	下位		
⑰	重視する		
⑱	参考にする		
⑲	逃す		
⑳	頑張ります	がんばります	

Exercise 02 | 일본어로 바꾸기

① 기업설명회(企業説明会)에 참가하거나 이력서(履歴書)를 쓰거나 합니다.

② 일본 기업에 취직하려면 어떤 것이 중요한가요?

③ 우선은 자신과 기업에 대해 아는 것부터 시작하세요.

Exercise 03 | 한국어로 바꾸기

① 採用試験が始まるのは３年生の後半から４年生の前半にかけてです。

② この時期にはリクルートスーツを着て面接を受けに行く学生たちの姿を見かけるようになります。

③ ４月には一斉に入社式が行われて晴れて社会人になります。

④ 会社では仕事の過程で人と関わることが多いので、コミュニケーション能力が大切です。

Work book

취업 관련 용어 정리하기

일본어로 배우는 일본의 사회와 문화 (12과)　　학번:　　　　　　이름:

용어	내용	의의
예) OB・OG訪問	지망하는 회사에서 일하는 선배를 방문하여 정보를 얻는 활동	실제, 일하고 있는 사람에게 직접 이야기를 들음으로써 홈페이지나 회사 안내에는 없는 생생한 정보를 얻을 수 있다. 개인적인 질문을 할 수 있고 조언을 들을 수 있다.
自己分析		
企業分析(研究)		
インターンシップ		
エントリーシート (ES) 作成		

13과

일본의 고용문화, 어떻게 생각하세요?

日本の雇用文化、どのように思いますか？

| 학습목표 |

- 일본의 대학생의 **고용문화**에 대하여 이해할 수 있다.
- 일본의 대학생의 **고용문화**와 관련된 단어와 표현을 사용할 수 있다.
- 일본의 대학생의 **고용문화**에 대하여 조사하고 활용할 수 있다.

칼럼

人はどうして働くのでしょうか。ここでは日韓の仕事にまつわる状況について見てみましょう。

日本では大卒就職者の約3割が3年以内に辞めてしまいます。これだけを見ると、離職率が高いように思うかもしれませんがそうではありません。<表>の勤続年数を韓国をはじめ、他の国と比べるとそれがよくわかります。日本では長い間終身雇用の制度が守られてきた背景もあります。

一方、韓国の離職率はとても高いと言えます。それに定年退職する年齢も低く、大手企業の場合、45歳ぐらいだそうです。これは1997年の通貨危機以降、成果主義的で流動的な雇用文化へ転換したことと関わりがあります。

このような状況の違いは、各自の人生設計にも大きな影響があると思われます。近年では「働き方改革」が提唱され、多様で柔軟な働き方への関心が高まっています。みなさんは人生における仕事の位置づけについて考えたことがありますか。これからのキャリアプランを立ててみましょう。

칼럼 번역

<강의를 듣고 쓰세요.>

칼럼 어휘

働く はたらく	일하다	離職率 りしょくりつ	이직율
日韓 にっかん	한국과 일본 韓日(かんにち)	勤続年数 きんぞくねんすう	근속연수
まつわる	얽히다, 관련되다	終身雇用 しゅうしんこよう	종신고용
状況 じょうきょう	상황	制度 せいど	제도
大卒就職者 だいそつしゅうしょくしゃ	대졸취업자	守られる まもられる	지켜지다 守るの 수동형
辞める やめる	그만두다	背景 はいけい	배경
定年退職 ていねんたいしょく	정년퇴직	転換する てんかんする	전환하다
大手企業 おおてきぎょう	대기업	各自 かくじ	각자
通貨危機 つうかきき	통화위기	人生設計 じんせいせっけい	인생설계
成果主義的 せいかしゅぎてき	성과주의적	近年 きんねん	최근
流動的 りゅうどうてき	유동적	働き方改革 はたらきかたかいかく	근로 방식 개혁
雇用文化 こようぶんか	고용문화	提唱される ていしょうされる	제창하다, 提唱するの 수동형
柔軟だ じゅうなんだ	유연하다	位置づけ いちづけ	자리매김

高まる	높아지다	キャリアプラン	캐리어플랜 진로계획
たかまる		career plan	
人生	인생	立てる	세우다
じんせい		たてる	

문형(イ형용사・ナ형용사 활용)

イ 형용사	보통체		정중체	
	현재	과거	현재	과거
긍정	高い	高かった	高いです	高かったです
부정	高くない	高くなかった	高くありません (高くないです)	高くありませんでした (高くなかったです)

イ 형용사	보통체		정중체	
	현재	과거	현재	과거
긍정	きれいだ	きれいだった	きれいです	きれいでした
부정	きれいではない	きれいでは なかった	きれいではあり ません	きれいではありませんでした

회화문 어휘

ほうれん草 ほうれんそう	시금치	上司 じょうし	상사
相談 そうだん	상담	経過 けいか	경과
進める すすめる	진행하다	結果 けっか	결과
欠かせない かかせない	빼놓을 수 없다	意見 いけん	의견
似る にる	닮다, 비슷하다	簡潔 かんけつ	간결
部下 ぶか	부하	知らせる しらせる	알리다
尋ねる たずねる	묻다	勝手に かってに	제멋대로, 함부로
面倒くさい めんどうくさい	귀찮다, 번거롭다	判断する はんだんする	판단하다
当然 とうぜん	당연	間違う まちがう	잘못되다, 틀리다

대화 내용 확인

【1】내용과 맞는 것에 ○(まる) 아니면 ×(ばつ)를 쓰세요.

1) [ ]일본 회사에서 보고와 연락은 같은 의미로 사용된다.
2) [ ]보고는 상사가 부하에게 하는 것이다.
3) [ ]입사 후 처음에는 사소한 것이라도 물어보는게 좋다.

【2】다음 질문에 답하세요.

日本で仕事をするうえで知っておいた方がいいことは何ですか。

→ ______________________________

듣고 써 봅시다

知恵：先生、日本で仕事をするうえで知っておいた方がいいことって何でしょうか。
先生：やはり「ほう・れん・そう(報連相)」でしょうか。
知恵：ほうれん草？！
先生：報告、連絡、相談のみっつを表す言葉です。
　　　仕事をスムーズに進めるために(1.　　　　　　　)ことと考えられています。
知恵：報告と連絡は(2.　　　　　　　)ような気がしますが。
先生：報告とは部下から上司へ仕事の(3.　　　　　　　)を知らせることです。
　　　そして、連絡は(4.　　　　　　　)を入れずに情報を簡潔に関係者に知らせることを言います。
知恵：なるほど。
　　　では、相談はわからないことを尋ねたりアドバイスをもらったりすることでしょうか。
先生：そうです！
知恵：でも、ちょっとしたことだと「(5.　　　　　　　)」とか
　　　「こんなこともわからないの」と思われそうで不安です。
先生：最初はわからなくて(6.　　　　　　　)です。
　　　勝手に判断して間違うよりは「報連相」で仕事を進める方がいいですよ。

회화 번역

<강의를 듣고 쓰세요.>

知恵：

先生：

知恵：

先生：

知恵：

先生：

知恵：

先生：

知恵：

先生：

1, 2강 내용 확인

① 日本では大卒就職者の約何割が３年以内に仕事を辞めますか。

일본에서는 대졸 취업자의 약 몇%가 3년 이내에 일을 그만 둡니까?

② 日本の離職率は他の国に比べ高い方ですか。

일본의 이직율은 다른 나라에 비해 높은 편입니까?

③ 韓国の雇用文化の変化は何がきっかけですか。

한국의 고용문화 변화는 무엇이 계기가 되었습니까?

④ 近年日本で提唱されていることは何ですか。

최근에 일본에서 제창되고 있는 것은 무엇입니까?

⑤ 日本で仕事をするうえで知っておいた方がいいことは何ですか。

일본에서 일할 때 알아두면 좋은 것은 무엇입니까?

⑥ その中で報告と連絡の違いは何ですか。

그중 보고와 연락의 다른 점은 무엇입니까?

Exercise

Exercise 01 | 어휘 빈칸 채우기

	어휘(한자)	한자읽기(히라가나)	한국어 의미
①	大卒		
②	就職者		
③	大手企業		
④	通貨		
⑤	危機		
⑥	人生設計		
⑦	状況		
⑧	雇用文化		
⑨	高まる		
⑩	柔軟な		
⑪	報告		
⑫	連絡		
⑬	相談		
⑭	関係者		
⑮	意見		
⑯	情報		
⑰	似ている		
⑱	気がする		
⑲	知らせる		
⑳	面倒くさい		

Exercise 02 | 일본어로 바꾸기

① 일본에서는 오랫동안 종신고용(終身雇用) 제도가 지켜져왔습니다 .

② 한국의 전직율(離職率)은 매우 높다고 할 수 있습니다 .

③ 보고(報告)란 상사에게 일(仕事)의 경과(経過)와 결과를 알리는 것입니다.

Exercise 03 | 한국어로 바꾸기

① 日本は離職率が高いように思うかもしれませんが、そうではありません。

② 通貨危機以降、成果主義的で流動的な雇用文化へ転換しました。

③「連絡」は情報を意見を入れずに簡単に関係者に知らせることを言います。

Work book

자신의 인생계획 세워보기

일본어로 배우는 일본의 사회와 문화 (13과) 학번: 이름:

연령	일	개인적인 일
<현재상황> 현재 세		
<理想> 10년후 세		
<理想> 30년후 세		

꿈과 이상에 다가서기 위해 앞으로 할 일:

14과

일본의 화폐와 물가, 알아보고 출발해요!

日本の貨幣と物価、調べてから出発しましょう！

| 학습목표 |

- 일본의 **화폐와 물가**에 대하여 이해할 수 있다.
- 일본의 **화폐와 물가**와 관련된 단어와 표현을 사용할 수 있다.
- 일본의 **화폐와 물가**에 대하여 조사하고 활용할 수 있다.

칼럼

日本の通貨の単位は円です。現在お札４種類、コイン６種類が使われています。

両替は空港などにある外貨両替所、または銀行、郵便局等でできます。手数料にはさほど違いはありません。韓国ウォンに換算すると１円は10ウォン程度です。多少の変動はあるものの為替レートは長年この基準で安定しています。

以前は韓国の物価が日本より安く、韓国で買い物を楽しむ日本人の姿をよく見かけました。しかし、韓国の物価が急速に上昇したため、現在ではほとんど差が感じられません。品目によってはむしろ韓国の方が高いこともあります。

日本で買い物する際は消費税が別途付加されるので注意が必要です。でも、外国人旅行者は5000円以上買い物したら、免税手続きができるお店も増えています。

日本では韓国と違ってカードが使えない場合もあるので、ある程度の現金を準備しておくと安心です。

日本旅行、留学、または就職のためにも日本のお金や物価について調べてみましょう。

칼럼 번역

<강의를 듣고 쓰세요.>

칼럼 어휘

일본어	읽기	뜻	일본어	읽기	뜻
通貨	つうわ	통화	外貨両替所	かいがいりょうがいじょ	외화 환전소
単位	たんい	단위	銀行	ぎんこう	은행
円・ウォン	えん・ウォン	엔(일본)・원(한국)	郵便局	ゆうびんきょく	우체국
お札	おさつ	지폐	手数料	てすうりょう	수수료
コイン	coin	동전	さほど		그다지
両替	りょうがえ	환전	換算する	かんさんする	환산하다
多少	たしょう	다소	物価	ぶっか	물가
変動	へんどう	변동	買い物	かいもの	쇼핑
為替レート	かわせ	환율	楽しむ	たのしむ	즐기다
長年	ながねん	오랜기간	品目	ひんもく	품목
安定する	あんていする	안정되다	むしろ		오히려
以前	いぜん	이전	消費税	しょうひぜい	소비세
別途付加	べっとふか	별도부가	免税手続き	めんぜいてつづき	면세수속

注意 ちゅうい	주의	現金 げんきん	현금
外国人旅行者 がいこくじんりょこうしゃ	외국인 여행자		

문형

	사전형	ます형	て형	た형	ない형	수동형	가능형
5단	言う	言います	言って	言った	言わない	言われる	言える
	書く	書きます	書いて	書いた	書かない	書かれる	書ける
	読む	読みます	読んで	読んだ	読まない	読まれる	読める
	話す	話します	話して	話した	話さない	話される	話せる
1단	食べる	食べます	食べて	食べた	食べない	食べられる	食べられる
	見る	見ます	見て	見た	見ない	見られる	見られる
불규칙	くる	きます	きて	きた	こない	こられる	こられる
	する	します	して	した	しない	される	Xできる

회화문 어휘

일본어	뜻	일본어	뜻
お札 おさつ	지폐(紙幣)	人物 じんぶつ	인물
一新 いっしん	일신	数多く かずおおく	수 많이
偽造防止 ぎぞうぼうし	위조 방지	設立 せつりつ	설립
最新技術 さいしんぎじゅつ	최신 기술	資本主義 しほんしゅぎ	자본주의
投入 とうにゅう	투입	サミット summit	서밋, 정상회담
発行 はっこう	발행	きっかけ	계기

대화 내용 확인

【1】내용과 맞는 것에 ○(まる) 아니면 ×(ばつ)를 쓰세요.

1) [ ]2024년의 일본의 모든 돈이 새로워진다.

2) [ ]일본에서는 약40년마다 지폐디자인이 바뀌어 왔다.

3) [ ]2000엔 지폐는 2000년에 발행되었다.

【2】다음 질문에 답하세요.

新しい１万円の人物は誰ですか。

→ ______________________________

듣고 써 봅시다 (2023년 기준)

明守：先生、日本の(1.　　　　)が新しくなるんですね。
先生：そうです。2024年に(2.　　　　)されます。
明守：どうしてですか。
先生：(3.　　　　　　)が一番大きい理由です。
　　　これまでも約20年ごとに(4.　　　　　　)を投入したお金が発行されてきました。
明守：そうなんですか。
　　　でも、１万円の人物は長い間同じでしたよね。
先生：はい。デザインは1度変わりましたが、人物が変わるのは40年ぶりのことです。
明守：新しい１万円は誰ですか。
先生：渋沢栄一です。
　　　数多くの企業を設立し、日本の(5.　　　　　　)の父といわれている人です。
明守：へー、初めて知りました。
　　　後で詳しく調べてみます。
　　　ところで、日本には2000円札もありますよね。
先生：はい。2000年に行われた沖縄サミットを(6.　　　　)として発行されました。
　　　あまり見かけませんが、今も使われています。

회화 번역

<강의를 듣고 쓰세요.>

明守：
先生：
明守：
先生：

明守：
先生：
明守：
先生：

明守：

先生：

1, 2강 내용 확인

① 日本の通貨の単位は何ですか。

일본 통화 단위는 무엇인가요?

② 日本ではどこで両替できますか。

일본에서 환전은 어디에서 할 수 있나요?

③ 日本で買い物をする際に別途付加されるものは何ですか。

일본에서 쇼핑할 때 별도로 부과되는 것은 무엇입니까?

④ 2024年に新しくなる一万円札の人物は誰ですか。

2024년 바뀔 만엔에 들어갈 인물은 누구인가요?

⑤ お札を変える一番大きい理由は何ですか。

화폐를 바꾸는 가장 큰 이유는 무엇인가요?

⑥ 日本の2000円札が発行されたきっかけは何ですか。

일본의 2000엔 지폐가 만들어진 계기는 무엇인가요?

Exercise 01 | 어휘 빈칸 채우기

	어휘(한자)	한자읽기(히라가나)	한국어 의미
①	通貨		
②	単位		
③	外貨両替		
④	手数料		
⑤	物価		
⑥	消費税		
⑦	免税手続き		
⑧	お札・コイン		
⑨	安心だ		
⑩	ー	むしろ	
⑪	偽造防止		
⑫	お金		
⑬	1万円		
⑭	人物		
⑮	ー	デザイン	
⑯	資本主義の父		
⑰	2000円札		
⑱	ー	きっかけ	
⑲	発行する		
⑳	新しい		

Exercise 02 | 일본어로 바꾸기

① 일본의 통화(通貨) 단위는 엔입니다.

② 한국의 '원'으로 환산(換算)하면 1엔은 10원정도입니다.

③ 일본은 현재 지폐 4종류, 동전 6종류(種類)가 사용되고 있습니다.

Exercise 03 | 한국어로 바꾸기

① 多少の変動はあるものの為替レートは長年この基準で安定しています。

② 日本で買い物する際は消費税が別途付加されるので注意が必要です。

③ 日本では約20年ごとに最新技術を投入したお金が発行されてきました。

Exercise 04

일본 돈과 물가에 대해 조사하기

아래 표는 일본 여행사 HP에서 정리한 한국과 일본의 물가 비교표입니다.

https://www.ab-road.net/article/prices/korea/

為替レート(환율)	2020년　2월 1일 기준　　1 원=0.093엔		
항목	단위	한국	일본
タクシー(택시)	기본요금	353円	420円
バス(버스)	기본운임	120円	210円
電車(전철)	최단거리 구간	116円	140円
ハンバーガー(햄버거)	빅맥 단품	483円	355円
コカ・コーラ(콜라)	500m 1병	186円	140円
ミネラルウォーター(생수)	500m 1병	79円	115円
ビニール傘(비닐우산)	1개	604円	547円
トイレットペーパー(화장지)	1롤	111円	27円

Work book

① 조사한 날을 기준으로 환율(為替レート)을 쓰시오.

② 항목을 5개 선택하여, 각 나라에서의 가격을 조사, 엔(円)으로 표기하시오.

③ 조사후 느낀 점 등을 자유롭게 쓰시오.

일본어로 배우는 일본의 사회와 문화 (14과)　　학번:　　　　이름:

為替レート(환율)	년　　월　　일 기준	1 원=	円
항목	단위	한국	일본
①			
②			
③			
조사 후 느낀 점			

강의자 소개

이미숙

명지대 일어일문학과 교수
학력 : 한국외대, 요코하마국립대학 석사,
일본대동문화대학 박사
전공 : 대조언어학전공(문학박사)

스미유리카(角ゆりか)

명지대 일어일문학과 교수
학력 : 龍谷大学 석사, 한국외국어대학 박사
전공 : 일본어학전공(언어학박사)